來知德全集（輯校）

第二冊

來瞿唐先生日錄·外篇（校注）

〔明〕來知德 撰　郭東斌 主編

劉重來　薛新力　學術審稿

圖書在版編目(CIP)數據

来瞿唐先生日录. 外篇：校注/(明)来知德撰；郭东斌主编. —重庆：重庆出版社，2021.6
(来知德全集：辑校)
ISBN 978-7-229-15306-9

Ⅰ.①来… Ⅱ.①来… ②郭… Ⅲ.①来知德(1525—1604)—文集 Ⅳ.①B248.99-53

中国版本图书馆CIP数据核字(2020)第189913号

來瞿唐先生日錄·外篇（校注）
LAI QUTANG XIANSHENG RI LU·WAI PIAN(JIAOZHU)
〔明〕來知德 撰 郭東斌 主編

總策劃：郭 宜 鄭文武
責任編輯：王 娟 鄭文武
責任校對：何建雲
裝幀設計：王芳甜

重慶出版集團 出版
重慶出版社

重慶市南岸區南濱路162號1幢 郵編：400061 http://www.cqph.com
重慶出版社藝術設計有限公司製版
重慶市聖立印刷有限公司印刷
重慶出版集團圖書發行有限公司發行
E-MAIL:fxchu@cqph.com 郵購電話：023-61520646
全國新華書店經銷

開本：787mm×1092mm 1/16 印張：15.75 字數：240千
2021年6月第1版 2021年6月第1次印刷
ISBN 978-7-229-15306-9
定價：200.00元

如有印裝質量問題，請向本集團圖書發行有限公司調換：023-61520678

版權所有 侵權必究

《来瞿唐先生日録·外篇(校注)》編纂委員會

學術顧問　唐明邦　徐芹庭
主　　編　郭東斌
副 主 編　陳禕舒　欒保群　陳益峰
編　　委　金生楊　郭東斌　陳果立　陳益峰　陳禕舒　彭　苯
　　　　　廖品紅　熊少華　嚴曉星　欒保群　（以姓氏筆畫爲序）
校　　注　欒保群　陳禕舒　郭東斌

總目錄

TABLE OF CONTENTS

第一册　來瞿唐先生日録·内篇（校注）

第二册　來瞿唐先生日録·外篇（校注）

第三册　周易集注·卷首至卷之十（校注）

第四册　周易集注·卷之十一至卷之十六（校注）

第五册　來瞿唐先生日録·上（影印）

第六册　來瞿唐先生日録·中（影印）

第七册　來瞿唐先生日録·下（影印）

第八册　周易集注·上（影印）

第九册　周易集注·中（影印）

第十册　周易集注·下（影印）

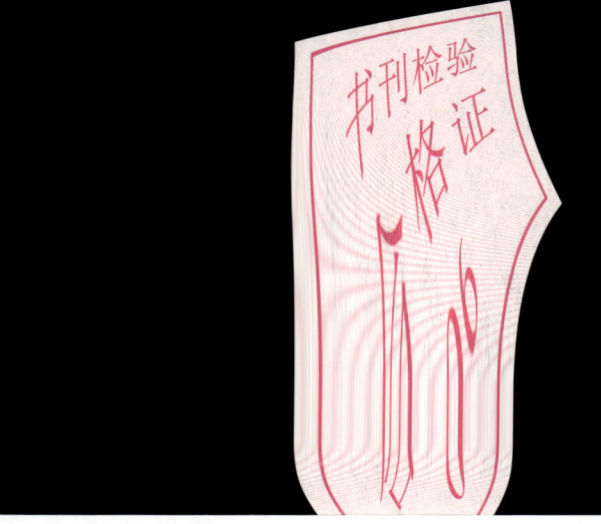

目錄

卷一 ·· 1

　釜山稿 ·· 1

　客問 ··· 1

　清溪莊 ·· 3

　登小筆山 ··· 4

　挽隆孔崖 ··· 4

　用楊龜山《此日不再得》韵，示周生子榮 ······························ 4

　釜山雜咏 ··· 5

　了心歌 ·· 5

　曾岐山自岑公遠訪予于釜山，于其歸也，贈別以詩二首 ··········· 6

　寄飛練 ·· 6

　醉 ·· 6

　盧行所見柱，別之以詩 ··· 7

　盧行所還，便寄王次宇 ··· 7

　董願庵推府見柱釜山書堂四首 ·· 7

　逼逼歌四章，爲哀楊作吾賦 ·· 8

　菊三首 ·· 8

　重過天生橋 ··· 9

　寄雷劍東蒙自明府四首 ··· 9

　寄贈董麟山徵君四首 ·· 10

許象洲元戎于梁山曾許仙茅，久不見惠，詩以速之 ……………… 11

廖對峰以設館至梁，逾年而露化。其子齋泣至山堂，照骨之貧。余愧不能大助也，詩以哀之 …………………………………………………………………… 11

寄贈朱最峰少府三首 ………………………………………………………… 11

壽郭夢菊太府四首 …………………………………………………………… 12

禽言四首 ……………………………………………………………………… 12

秋風辭三首 …………………………………………………………………… 13

與太空禪僧二首 ……………………………………………………………… 13

蟠龍對酬王我齋問蟠龍之作 ………………………………………………… 13

答贈董麟山徵君四首 ………………………………………………………… 14

種竹 …………………………………………………………………………… 15

送董願庵乃叔還滇 …………………………………………………………… 15

答王晴川 ……………………………………………………………………… 15

馮溪子 ………………………………………………………………………… 16

雜興 …………………………………………………………………………… 16

溪上春興十四首 ……………………………………………………………… 17

贈小溪 ………………………………………………………………………… 19

杪秋有懷郭夢菊太府，輒賦五言十二首奉贈，兼酬佳句，感時陳抱，并見乎辭 …………………………………………………………………………… 19

寄傅志宇 ……………………………………………………………………… 21

寄胡麗吾 ……………………………………………………………………… 21

登彼篇示諸公 ………………………………………………………………… 22

贈別唐漢田 …………………………………………………………………… 22

向雪亭見訪 …………………………………………………………………… 22

不不歌 ………………………………………………………………………… 22

雜興 …………………………………………………………………………… 23

欲游岱岳、孔林，先寄楊作吾 ……………………………………………… 23

篇目	頁
林明府以外艱還秭歸，別之以詩四首	23
釜山堂成憶昔篇一百韻呈莊明府	24
殘燈	25
覽□□遺事	25
與朱雲石	26
答雲石天人篇之作	26
福利道人	26
春風辭三首	26
黃令長柱山堂，謝之以詩三首	27
江邊送劉環溪	27
壽黃石崗	28
招張仙歌三首	28
看水篇	29
寄劉洞衡	29
秋夕	30
寄楊印峰	30
康村	30
寄林子二首	31
白崖道中遙寄楊雙泉	31
笑吟四首	32
答楊郡博二首	32
題贈東明禪僧二首	33
寄朱懷陽兼問慎所二首	33
寄石峰	34
雜言答楊計部	34
挽馮孔崖	34
答郭夢菊督學	35

送王我齋 …… 35
龜雖壽贈張北村西游 …… 35
送古建吾 …… 36
有客 …… 36
憶昔歌，送楊大理還滇，兼酬見懷 …… 37
蒼谷歌爲王方伯題 …… 37
釜山堂成 …… 38
答胡忠庵憲副 …… 38
梅花 …… 38
游五岳還，曹荔溪以詩見問，用韵奉答 …… 39

卷二 …… 40
悟山稿 …… 40
題懷梓依蘭卷 …… 40
登天元寺 …… 40
登石佛寺 …… 41
長歌 …… 41
了生死 …… 42
獨立 …… 42
錦城歌，贈從弟文進赴成都試 …… 42
誰人 …… 43
寄朱誠齋四首 …… 43
行路難 …… 44
過吳氏舊莊 …… 44
答陳近夫 …… 45
贈謝郡博 …… 45
林明府載酒柱山中，蒼卒缺款，詩以謝之 …… 45
竹舍 …… 45

聞楊崑洲少參訃四首	46
雜言	46
與丁任夫劇飲	47
針	47
赤甲行	47
村居二首	48
有客二首	48
答陳近夫三首	48
雜興四首	49
梅軒歌寄辰溪吳明府	50
贈古養吾	50
朱少府曾許枉太白山堂，乃遣人惠巾并扇，寄之以詩三首	51
寄贈汪大池二首	51
答范羅岡兵憲二首	52
寄楊鑑谷僉憲時侄堯亦宦滇	52
聞彼篇	53
畫王正郎宅	53
戲題李子埡禪師草庵歌	53
王似泉下第見訪有序	54
聞我齋遷轉	54
有花篇	55
答人	55
與歸雲寺和尚	55
贈溫崇峰	55
寄莊岐岡郡丞	56
答贈汪大池，大池曾爲母不仕，捐宅學中	56
同邢淺庵推府，王葵軒、莊岐岡二明府，古民部游蟠龍洞得雨字三十韵	56
我有半輪月	57

衡門 ··· 57
病後禁酒，午日默坐二首 ·· 57
時事有感寄林明府一笑二首 ······································ 58
酬李鐵石 ··· 58
答楊少臺 ··· 59
憶昔行，哭苟麟洲僉憲 ··· 59
七夕辭 ·· 59
問岑公寄李明府 ··· 60
吊仝思亭 ··· 61
贈別莊少岐 ·· 61
太白山堂成四首 ··· 61
送李獅子岡 ·· 62
張北村卜居岑公用蘇子瞻《移居白鶴峰》韵奉贈 ··········· 62
無才 ··· 63
羅浮高，贈郭夢菊 ··· 63
孫代巡賜扁，吕明府催謝，詩以答之 ························ 64
野望二首 ··· 64
贈徐我山 ··· 65
煮菜 ··· 65
前峰歌 ·· 65
觀棋 ··· 66
秋 ·· 66
壽李順庵二首 ··· 66
對酒四首 ··· 67
鄰翁 ··· 67
浩歌 ··· 68
呂南湖令長自下車來，僕以多病尚缺展拜。雪中偶惠嘉儀，且欲見枉，
詩以酬之 ··· 68

雪中留別東峰山人	68
白崖道中	69
讀書	69
學忙三首	69
秋風	70
有吟	70
無吟	70
周松臺下第	71
拙軒爲王少參乃尊題	71
述悟賦	71

卷三　75

游峨眉稿	75
游峨眉賦	75
平都仙境	78
江邊却周東郊計部送游山資短述	78
寄黎少樸	79
大渠隱窩爲夏少素題	79
寄曾元川	80
贈童節婦	80
巫峽行送周紅岡	80
登大峨石隱窩，題贈高鼎崖用韻	81
不如齋爲蘇龍溪題．有序	82
凌雲寺	82
無痕吟六首	83
净土庵	83
藤庵	84
大懶歌答雪谷四首	84

快活庵齋居日 ·· 86
遇齋居日即閉門謝客 ··· 86
快活庵四禁 ··· 88
快活庵吟 ·· 88
小酌 ·· 89
灌園 ·· 89
贈宗侄章還宕渠 ·· 90
夢醒 ·· 90
飛雪行，贈古建吾入京便省 ·· 91
答劉鼎石見寄 ··· 91
雙喜篇贈顧象葵有序 ·· 92
晚坐 ·· 93
送吳鳴山落第西歸 ··· 93
寄宗侄章，續聞白泉水變，猶留意於玄也。諗之以詩二首 ··· 93
高青庵過二侄家數日，枉之不至，致以八句 ····················· 94
戲答大池病中見寄 ··· 94
答人 ·· 94
春城歌贈李子喬明府 ·· 95
題顧象葵便面 ··· 95
贈曹荔溪中丞西還 ··· 96
寄白牛和尚 ·· 96
贈黎學博文僖公之孫 ·· 96
謝傅達吾送日錄序 ··· 97
邀蕭學博時寓佛果寺 ·· 97
答顧象葵 ··· 97
寄謝顧車張萬四博 ··· 98
贈劉明府詩 ·· 98
鰕䱡篇送人南游 ·· 98

獨步 ·· 99
贈吳徵君 ·· 99
讀江津名宦甘公碑 ·································· 99
與張小村飲薄酒，席上口占奉贈 ·················· 100
顧象葵許載酒快活庵，遲之再三不至，戲以十六句 ··· 100
送劉思泉 ·· 100
題華封三祝圖壽楊東泉少府 ······················· 101

八關稿 ··· 102
　當置酒 ··· 102
　進關 ··· 103
　退關 ··· 103
　貴關 ··· 103
　富關 ··· 104
　生關 ··· 104
　死關 ··· 104
　賤關 ··· 105
　貧關 ··· 105

游吳稿 ··· 106
　登小孤山三首 ····································· 106
　蠡磯廟二首 ······································· 107
　鞋山篇 ··· 108
　歌風臺 ··· 109
　黄鶴樓 ··· 109
　燕子磯 ··· 109

卷四 111

重游白帝稿 甲申年 111
恰恰 111
尋袁雙溪隱處 111
慰人 112
有所思 吊傅達吾 112
游下崖寺，隔江遙望朱雲石別墅，導成二十二韵 113
雲安嘗酒 113
答周紅岡講致良知 114
寄譚敬所二首有序 114

求溪稿 乙酉年 115
過傅達吾舊居 115
舟入求溪 115
旱 115
賦得長相思一首答楊鑒谷書 116
酸齋 117
割蜜 117
生日 117
買月 118
醉 119
二蟲詩 119
將進酒 119
寄曹荔溪 120
雪歐、蘇二公禁體 120
寄古建吾 時長沙二府 121
觀籠鵝放出刷羽泗瀬溪中 121

迎窮 122

雪中寄贈戴念瞿明府 124

求翁解 124

古詩 亦名康節體 125

其一 125

其二 125

其三 126

其四 126

其五 126

其六 127

其七 127

其八 128

其九 128

其十 128

其十一 129

其十二 129

其十三 130

其十四 130

其十五 130

其十六 131

石鼓歌 132

買月亭稿 134

買月亭 134

買月亭張成夫臨別索言 134

送王玄葵游滇海 135

寄沈梁峨……………………………………………………………135
答劉強齋昆玉書……………………………………………………135
雪中邀陳桐崗、常敦庵二邑博……………………………………136
寄贈謝劉洞衡太守有序……………………………………………136
送渠宗弟薦書入選…………………………………………………137

鐵鳳稿……………………………………………………………138
登鐵鳳山寄傅達吾計部……………………………………………138
蕩蕩歌………………………………………………………………138
相士索詩，口頭語與之……………………………………………139
升湫歌與張生醫者時遇傅太守宅…………………………………139
獨立…………………………………………………………………140
崔二臺進士載酒江邊，席上口占奉贈……………………………140
鐵鳳江邊與高太湖方伯話別………………………………………140
朱最峰兩度惠詩扇過獎，草此奉贈，兼致不敢當之意二首……141
送魏淇竹計部時集宴達吾宅………………………………………141
松木溝雜詠…………………………………………………………141
勉愛行送陳西岐還銅梁，便束張崌峽中丞………………………142
青蓮行贈李少泉明府………………………………………………142
賦得有所思一首寄傅達吾…………………………………………143
江邊別郭夢菊四首…………………………………………………143
金丹…………………………………………………………………144
太白崖歌贈傅達吾民部橋梓………………………………………144
古別離寄楊作吾，時嵫陽三府……………………………………145
雙鳥篇寄誠齋………………………………………………………145
春燕二首……………………………………………………………146
酬大池………………………………………………………………146

白帝城二首 ··· 146

昭君解 ··· 147

卷五 ··· 148

游華山太和二岳稿 ····································· 148

登濟渴亭留戲王次宇 ··································· 148

醉卧玉蟾寺用韻 ······································· 148

南隆即事 ··· 149

靈雲洞 ··· 149

贈別馬玄洞五華昆玉 ··································· 150

登錦屏山東陳六亭 ····································· 150

陳六亭惠詩見招席上用韻贈答 ··························· 151

千佛崖用陳玉壘韻二首 ································· 151

入棧二首 ··· 151

出棧 ··· 152

吊孫肯堂 ··· 152

登華山用李棠軒韻 ····································· 152

毛女峰 ··· 152

蔣家臺阻雨 ··· 153

均州阻雨與主人蔣思東 ································· 153

紫霄宮 ··· 153

太和山 ··· 154

澗 ··· 154

太和程道士 ··· 154

下太和山 ··· 155

續求溪稿 ··· 156

浩然歌三首 …………………………………… 156
書郭青螺督學示諸生四章後 ………………… 157
答王汝誠 ……………………………………… 157
遺珠忘者 ……………………………………… 158
病足五首 ……………………………………… 158
楊兩洲臨別索墨迹 …………………………… 159
答陳近夫 ……………………………………… 159
寄周壽齋、冉西陵 …………………………… 159
寄秦獻葵 ……………………………………… 160
答吴蒙泉 ……………………………………… 160
挽隆見山有序 ………………………………… 160
戊子求溪元日縱筆十首 ……………………… 161
答譚敬所二首 ………………………………… 162
答陳七峰郡丞用韵 …………………………… 162
答贈郭明府 …………………………………… 163
答黎樵石 ……………………………………… 163
用張南軒贈朱元晦首二句起韵贈謝郭青螺 … 164
書便面贈送蔡令長 …………………………… 164
梅溪贈周十二 ………………………………… 164
忍 ……………………………………………… 165
答譚後山 ……………………………………… 165
答方玉岡 ……………………………………… 166
清風兩袖歌，贈蔡令長以繁轉臨川有序 …… 166
醉時歌，酬覃蔡南 …………………………… 167
雪 ……………………………………………… 167
送楊驛宰致仕還楚 …………………………… 168
賦得歸去好，送李學博致仕 ………………… 168

贈譚二酉赴成都························168

雨中留贈譚敬所························169

贈別徐華陽司馬，感謝之意見乎其辭_{時留駐夔州}······169

書便面贈別馮令長文郎昆玉還宛陵二首······170

席上口占答梅鳳臺························170

題得四邑一心篇，贈馮錦橋邑侯榮獎_{有序}······171

吴十洲道士索墨迹························172

壽白崖兄七十五························172

四時詞_{六言四首}························173

秦吉齋醉後索墨迹························173

游旱田壩至達境寄黄少岷······173

卷六 ····································174

優哉閣稿································174

辭官疏································174

辭禄疏································175

報黄慎軒太史························176

報郭青螺中丞························177

報趙行吾方伯························177

報郭夢菊································178

報鄭士衡································179

又······································179

寄王柱史································180

郭青螺先生諸草序······················181

壽誥封中丞郭兩峰翁八十序··········182

萬縣令越玉峰考績序······················183

西銘····································185

東銘····································185

花間獨坐	185
賦得泰山歌贈謝王部院會薦猥及笑作	186
思美人歌寄郭青螺公祖	186
贈別任懷陽學博轉德陽令	187
倪禺同銓部過求溪，寄詩十首，用來韵奉答	188
蟠龍山送汪崑麓明府以內艱還楚	189
郭汾源明府以賢聲取入棘院贈別	190
贈郭明府乃兄文郎至梁	190
蕓庠學博文、郭、陳、李四先生梁山考校，適曾孫象鼎入泮，于其歸也，送至蟠龍贈別四首	190
贈送郭明府文郎還秦	191
寄茶酬李學博，口占茶歌三絕	191
贈別郭明府乃弟	191
贈郭明府乃侄	192
一日四樂四首有序	192
聞郭夢菊公轉楚方伯奉寄	193
賀劉太和明府壽二首	193
寄焦學博原梁山學後轉蜀府	194
贈別劉太和明府轉襄陽	194
賦得巫峽篇送王代巡出蜀	194
送馮錦橋還宛陵三首有序	195

卷七	196
大學古本	196
大學古本序	196
德	201
明德	201
明明德	201

親民	204
明德親民	204
至善	207
止至善	207
知止而后有定一節	208
本末始終	209
修身正心誠意致知格物總論	209
訓字	210
訓意	211
二節訓意	211
物格而后一條	212
誠意	212
聖學	213
禪學	214
詞章之學	214
致知	214
物	216
格	217
格物	218
此之謂自謙	220

附录

張惟任序	221
黃汝亨序	222
張子功序	223
四庫全書總目提要	224

卷一

釜山稿

釜山在縣西二十里沙河,其山如釜,故以釜名之。先生有一祖,相傳來曾作宋龍圖閣學士,不知何時移居湖廣麻城,遂世爲麻城人。元兵亂,入蜀避兵,乃居梁山之康村。正統後移居釜山。釜山乃先生所生之地,故以釜山名稿云。

後學王廷章識

◎客問

僕以先父病末疾、母目疾,侍養不仕。友人致書多疑之,作此代答。雖文其辭,然實有是問,非《客難》《賓戲》之假設也。

瞿唐來子於釜山書堂,客有過而問之者,曰:"某聞子久矣。聞子冠道德,履仁義,衣百家,佩六藝,知子已栖君子之林矣。衆人慕之,某竊爲子不取也。吾聞鳥能鳴,陽葵知傾日,物且如此,況于人乎?是以哲士乘時,達人騻世,方今皇猷丕赫,王表輝昭,群衿獻瑋,諸乂圜橋,采蕙茝而兼蓄乎蕭艾,選干將而不遺乎鉛刀。非憕怳而抱瑟,豈濟渡而無舠。苟可以存心于利物,奚必于執璧而垂貂。子乃懸車城市,擊壤蒿皋。剩獨飛于鷺漢,羌紲迹于鷃蒿。洵拗鰩而戢翼，必滯惠而屯膏。杕雕龍而削草，怢荼薺于饛餂。吾將冀子兮參軌伊呂，胡知今子兮駕言許巢。"來子曰："子以我爲隱矣，夫隱者必有所爲。今生值明時，以不見用爲恥，吾不爲也。"

客曰："人之酬世，非處則出。榮春者蘭，華秋者菊，我知子之心矣。方其采秀雲莊，燔枯霧筑，刻羽引商，吹金鼓玉，高價蜆巔，咇聲蟬谷，狎花鳥，傲墳索，恁遠引于青岑，非縈情于朱轂。豈知暗者斯章，微之必著。乃若岩廊訪仄，荃宰羅奇。旭日鬻夫乾鵲，條風轉于枯荑。書將鶴載，旌以鷺持。束帛投園，結軫填茨。慶吾道之大行，感人世之我知。子乃整筋揮翻，仰首伸眉。披荻岫，出釜迻，盼鵗衢而揚袂，排鳳闕以論思。知子有南山之徑，慮子有北山之移。"來子咥而笑曰："非徑也，是迂也。夫欲仕無路者，故以山爲路耳。予濫科名，仕則仕矣，不求可期之榮于見在，而徼未必之寵于方來，歲躇齒戢，謂之何哉？駮亦絕矣，吾不爲也。"

客曰："子知夫古人乎？漆園之放，叔夜之簡，王衍之談，阮籍之懶，耽竹林，嘯山阪，脫冠履，解襟祝，幕天席地，操觚挈盞。爾其齊舜豕，比周猨，逢糟荷鍾，迕麴生涎。俗士稱爲六逸，詩人名爲八仙。坐俟夫九疇之斁叙，罔顧乎兩曜之虧圓。恭敬消于唇吻，名節剝于觶誕。子之不仕，復不沽名于世者，意者其在此乎？"來子曰："此自放而忘世者也。予欲救世，吾不爲也。"

客曰："若有人焉，遺情棄世，絕竽脫屣，紫籍通名，青冥輕舉。爾其垂琳綬，佩琁琪，驂滕①六，驅列缺，調世外之玄靈，彈壺中之白雪。青鳥縈音，紅鸞擊節。已而明月初升，雲璈方歇，眡桑海之幾遷，回歲序于一瞥。悲荒丘，憯古血，乃若芝宮虺虮，桂館龍驦，吹冰成醴，叱石飛漿。真妃摻饋，姹女扶觴。招王喬以容與，拉蕭史以相羊。既沉湎以言別，指流水以成章。歌曰：'流水兮東注，美人兮何處。回首兮三素，浮世兮朝暮。'乃若陰慈雲，滅甘露，謝四流，弘六度。秘授禁苑之旨，洞開蔥嶺之路。爾其不生作痏，無象爲家，天地蓬廬，形體蟲蝦。見理即障，篤學愈差。乃吼桐峰之虎，垂長慶之蛇；種雲門之樹，澆南泉之花；點洛浦之金，衣洞山之麻；烹明昭之鉳，飲趙州之茶。早聞者難登彼岸，剩醉者未窺津涯。彼傾海入毛，不撓魚鮪；若施藤倚樹，必

①滕：萬曆本誤作"藤"，據道光本改。

痻惡奈。子之勃窣，不出户庭，不面官長，孜孜而惟日不足者，必居于此矣。"來子曰："子愈言而愈遠矣。此方外之術，出于名教之外者也。世皆若此，三綱絕矣。吾不爲也。"

客曰："我真不知子矣。"遂避席而起，拂衣而去。來子曰："居，吾語女。夫大德者不官，中立者戒倚。是以君子無終食違仁，大人以萬物爲體。不怦怦于必行，不硜硜于必止。蓋澡浴存乎吾身，顯晦安于所遇。立德之基有常，樹功之途不一。苟入而可以事吾親兮，則啜菽承歡；苟出而可以事吾君兮，則捐軀弗計。見輪出圓，因榪施直。遭坎則停，乘流斯逝。大行兮何所欣，窮居兮何所戚。故移忠于家則敬同，移孝于國則愛同。使人皆以不仕爲是兮，則龍逢非孝；使人皆以仕爲是兮，則曾參非忠。彙征者何以誦其駿業，嘉遯者何以高其清風。蓋駿業者扶顛持危，有匡世之績；清風者起頑立懦，有垂世之功。是皆有裨于國家之教化者也。可見事無定體，惟義是適；行無定轍，惟道是崇。故可以仕，亦可以止，仕止之間，存乎修己。子謂子夏，不云乎'無爲小人，女爲君子'？若爲小人，何取青紫。若爲君子，出亦可矣，處亦可矣。末學興而功利熾，此言不聞于人之耳也久矣。吾將尋孔、顏之所樂，析繭絲于此理。愧榛楛之無成，空動勉而不已。苟友于可以爲政，空言足以善俗，則塵霧之微忱，或可以爲山海之小補也，獨非鳴陽向日之心乎？子何過疑至此。"

客曰："我過矣，我過矣。而今而後，始知江湖廊廟，原爲一體；明道行道，皆將淑人。我過矣，我過矣！"

來子援筆作《客問》。

◎清溪莊

多半楓林人家少，千峰萬峰葱窈窕。一群嬌鳥啄雲嶠，仰面石泉懸樹杪。落花朝莫送柴扉，掃斷依然撲客衣。華陽道士胡不歸，菖蒲節老蕨芽肥。

◎登小筆山

翠閣珠林侵碧霄，危闌四面俯山椒。天空峭石排玄笋，日晚殘霞駐赤標。海外誰人驂鳳鶴，寰中何物唤瓊瑶。江湖一望無窮思，惟寫鶯花答治朝。

◎挽隆孔崖

岑公江下曾呼酒，龍脊州中共放船。一日豈知竟千古，青年誰料到黄泉。遼陽鶴去雲連海，古木鳥啼月滿天。幸有三槐依舊綠，夜臺何必恨長眠。

◎用楊龜山《此日不再得》韵，示周生子榮

我曾觀東海，吐納接扶桑。我曾登泰山，五觀摩青蒼。中有萬世師，日月麗重光。道統在天地，循環如陰陽。繼之鄒氏子，授我入道方。學問求放心，仁義析毫芒。鄒魯既已喪，立言有否臧。而胡末學興，役役翻自戕。不求道于心，却求糟與糠。大本已乖矣，安得問行藏。遂俾鄒與魯，千載擅孤芳。豈無豪俊出，立志苦不剛。十步九回頭，踟躕而徬①徨。豈知在弘毅，任重道且長。況道本率性，行之如康莊。卑者爲利禄，閉門課文章。高則講空寂，名爲選佛場。二者雖有差，均之牧牛羊。我佩鄒氏言，朝夕不忍忘。勿忘勿助間，勉勉長自強。誰謂東海深，渡之止一航。誰謂泰山高，登之比尋常。高深雖踔絶，操舍即存亡。百川與邱陵，不學良可傷。有志山海者，莫謂斯言狂。

---

①徬：萬曆本、道光本误作"傍"，據文意改。

◎釜山雜咏

清風草閣三竿竹，明月山泉一曲琴。惟有梅花知此意，冷香入夢到而今。
繞宅苔蘚惟鳥迹，隔溪烟霧似人家。凄清莫是仙源近，一綫冰泉萬片花。
顏回巷裏難旋馬，原憲門前長野蒿。剩有春風長富貴，杏花泗水日滔滔。
明明皎日高松下，淡淡輕風密竹前。石上許多華胥夢，一聲啼鳥喚人眠。
生子何須論化鶴，閏年不獨有黃楊。棹歌夜訪山陰雪，興盡歸來也不妨。
今人逢窮即名鬼，誰又將錢論作神。豈識鬼神即晝夜，月纔屈處日旋伸。
喜成却恐敗將至，憂失還從得裏生。一笑攬來通嚼爛，清風明月送將迎。

◎了心歌

我曾與洪崖子、浮邱翁，揖金母，拜木公，冰桃碧藕丹硃紅。以飇爲輪雷爲輿，上下二儀遍九嵏。龍竹鮫絲歸碧落，金宮銀闕高巃嵸。蒼梧朝設鳳冠槊，夜來還入扶桑窟。元鈞曲罷舞回鸞，五音時聽琅玕樹。放情凌霄無定期，蕙風十二紅玻璃。春羅剪字知多少，群仙博戲無昏早。詎知誤輸五色龍，謫向人間餌芝草。餌芝今已三十三，鷄碑鼠獄只空談。征裘誤夢邯鄲道，長途短髮風毿毿。我壽倘有一百歲，前途止有六十七。回視夙齡只一時，西昆東汜烏丸疾。假令不得到期頤，七十八十未可知。此生枉過不聞道，擊鐘烹鼎欲何爲。叢桂幽蘭多縹緲，松風蘿月溪山小。苦被白雲一片留，瞿唐道人心已了。有時并了亦兩忘，傍花隨柳信周行。太山巖巖海汪汪，洙泗真源派許長。蘭橈桂槳駕一航，排閶闔，登宮墻，大叫尼父坐明堂。鳴球佩玉共趨蹌，回琴點瑟繞鏗鏘。

◎曾岐山自岑公遠訪予于釜山，于其歸也，贈別以詩 二首

　　白屋參差碧樹齊，釜山虛擬近丹梯。菊花見客争籬發，杜若乘風拂岸低。詩賦誰人驅鮑謝，烟霞吾道覺醯鷄。憐渠百里能相訪，水滿蒹葭月滿溪。

　　處處春風析①柳枝，柴門偶過興猶奇。江湖不博幽人樂，信義多應長者知。雨久蟠龍秋意早，雲連鐵鳳雁書遲。既思暫到仍長往，莫遣深情惜淺卮。

◎寄飛練

　　撥斷緑綺弦，長年枕麯眠。鼓盆莊子老，荷鍤伯倫賢。苦海誰能脫，窮坑豈易填。莫將窮苦事，挂礙不成仙。

◎醉

　　驪裏笑款段，款段笑驪裏。人生天地間，走獸與飛鳥。務光讓天下，天下即爲草。僋夫競寸畦，寸畦即爲寶。誰人住市井，市井皆蓬島。誰人尚髻髮，髻髮先醜老。青較于藍深，人豈勝天巧。爲爾得酕醄，因之謝昏曉。

────────
①析：萬曆本作"拆"，據道光本改。

◎盧行所見枉，別之以詩

朝朝暮暮對枯桐，山北山南長桂叢。兩地久懸千里隔，三春何幸一尊同。已留徐孺開塵榻，更共盧敖笑壤蟲。倏爾相逢仍惜別，差池燕紫野桃紅。

◎盧行所還，便寄王次宇

十年踪迹泛虛舟，幾度兼葭咏破秋。偶晤盧仝聊煮茗，翻思王粲欲登樓。桃花着雨紅顏改，柳絮乘風白練收。不覺題詩成一笑，半池春水半池鷗。

◎董願庵推府見枉釜山書堂四首

雨裏榴花午影長，偶然旌節下茅堂。閑雲繞戶枯桐潤，密竹沿溪晚簟涼。斗酒幾時嗟咫尺，功名今日見龔黃。不辭酩酊留空谷，秉燭何妨夜未央。

青山一臥門長閉，紅日三竿酒未蘇。采藥慣看黃獨久，誰人偶到白雲孤。籬邊客飲花頻笑，醉後歌繁鳥亦呼。猿鶴不須猜從蓋，林巒自此即方壺。

五馬雙雙度野橋，清風拂拂暑全消。那知報政餘三月，始得論文在一朝。我道百年惟白石，君行萬里自青霄。即看臥聽甘棠月，麥穗桑枝滿耳謠。

一曲清江帶白沙，沙邊蘆荻傍吾家。松間時下聽琴鳥，壁上長留篆字蝸。不有陳蕃能下榻，誰知顏闔飽餐霞。莫愁信宿無供給，獨木橋頭擊鯿槎。（坡詩"誓將歸釣漢江槎"注：漢水鯿甚美，以槎斷水取之。）

◎逼逼歌四章，爲哀楊作吾賦

　　逼、逼、逼，井瓶一落無消息。流水高山半調絲，四十年前爲爾識。嗚呼一歌兮，歌聲孤，滿林松月爲誰鋪。

　　子賤琴聲成雅弄，士元驥足人難鞚。陶令方修松菊盟，鄭玄忽入龍蛇夢。季真夙昔擅風流，莊生今日饒齎送。嗚呼再歌兮，歌聲長，仰天四望天蒼蒼。

　　有母有母風中燭，有妾有妾子遺腹。夜臺鄉思回飛轂，天昏地黑楓嵐毒。乘風逐霧落梁屋，饑鴉啄雪鳩婦哭。嗚呼三歌兮，歌轉哀，一泓痛血濕蒼苔。

　　爾庭有樹變紫荊，爾園有鳥化鶺鴒。曹蛦知未死，此責爲誰明。流雲兮木杪，落日兮荒草。我與爾言兮傾懷抱，爾胡長眠兮不曉。

◎菊 三首

其一①

歲晚華初發，秋英落更遲。回看潘岳圃，寒蟻上枯枝。

其二

陶令齎詩到，王弘載酒過。黃封注花骨，白雪遍秋坡。

其三

滿種黃金砌，分栽白玉堂。何曾隱崖壑，始得傲冰霜。

---

①道光本無此標題。

◎ 重過天生橋

　　江上游龍跨水濱，江頭有客俯龍鱗。乘冰即渡翻思漢，鞭石無成却過秦。每恨流波沉合璧，何妨濺沫①起芳塵。重來不盡朝宗意，馬首秋風又憶蓴。

　　水入皺崖飄亂絲，水邊樓閣對撐支。銀疑月窟曾游處，鐵憶羅浮欲往時。半世生涯雲共懶，三川風雨客行遲。凌霄鴻鵠寧無志，不在題橋便有詩。

◎ 寄雷劍東蒙自明府 四首

其一②

　　隔別經三暑，江山隔萬重。音書無處達，夢寐有時逢。雲滿垂堂竹，風傳倚澗松。茂陵多病後，近日更疏慵。

其二

　　素節秋懸玉，清時劍滿霜。驊騮千里遠，鵬鶚九天長。柳繞陶潛宅，花垂潘岳堂。澆花并灌柳，暢茂即甘棠。

其三

　　何日傷潘潛，今朝憶作吾。九原如可起，三徑已先孤。向秀非聞笛，王戎偶見壚。哀歌不成調，撲筆夜啼烏。

---

①沫：道光本誤作"洙"。
②道光本無此標題。

其四

憶爾同金錫，憐予飽桂芝。年華芳草識，心事懶雲知。席上談雷劍，花邊接董帷。牂舸何日到，好去慰相思。

◎寄贈董麟山徵君 四首

其一①

久知傳鳳藻，無計到麟山。日月淹滇海，鶯花隔劍關。君應能出世，我亦似偷閑。安得生雙翼，相看結九還。

其二

王猛長捫虱，東陵早種瓜。鳳琴時挂樹，鴻寶漸成砂。自古仁人壽，從來遁者嘉。忘機無一事，隨意插三花。

其三

有子承家學，之官得令名。丹心明白日，清議在蒼生。五馬迎春出，雙旌拂曙行。文翁俄頃化，比屋接弦聲。

其四

我屋瞿唐峽，巫峰面草堂。偶將愚喚谷，長以醉爲鄉。水侵蒹葭落，風催鴻雁翔。此時應憶爾，憶爾答瑤章。

---

①道光本無此標題。

◎許象洲元戎于梁山曾許仙茅，久不見惠，詩以速之

天邊有客餽仙茅，爲是施州滿近郊。幕府曾云千里寄，仙家虛冷六丁庖。鳲鳩春盡呼榆荚，謝豹花深挂柳梢。極目不知何日到，長歌幾度麈橫敲。

◎廖對峰以設館至梁，逾年而露化。其子齋泣至山堂，照骨之貧。余愧不能大助也，詩以哀之

稿席家千里，荒山土一堆。廖融知夢死，仲蔚爲貧來。雨急苔華落，春殘謝豹哀。麥舟深愧爾，相對泪盈腮。

◎寄贈朱最峰少府 三首

其一①

何時牽別袂，此日已初冬。夢久飛都歷，歌曾許最峰。緒風催北雁，玄霧暝長松。偶值梅花使，題詩對石淙。

其二

往緣驄馬使，曾度白鷗灣。酒自金華餽，詩從刺史刪。雲留龍洞古，月戀兔亭間，不得相長嘯，于今有厚顏。

---

①道光本無此標題。

其三

　　滿地皆芻牧，如君亦道流。一官成矮屋，四野盡清謳。水落鹽叢國，山銜白帝樓。訟庭公事少，應不廢詩鈎。

◎壽郭夢菊太府 四首

　　匹馬鹽叢長杜蘅，三巴草木亦知名。風高赤甲堅仙骨，月白瞿唐洗宦情。竹下有懷歌短句，斗間無計祝長庚。培持國脉須難老，九里于今潤帝京。

　　跨鶴攜琴道氣全，不穿羽服亦天仙。想應金節分今日，會有銅人話昔年。滿野兒童皆犢佩，或時簫鼓雜蒲鞭。眼前無限長生樂，肯向喬松更叩玄。

　　玉盤銀燭紫霞杯，甘雨和風壽域開。四岳已知添一歲，五雲從此護三台。管寧性懶空穿榻，范睢思深爲折梅。淪落無成長潦倒，留連何地足追陪。

　　叔度人歌來已暮，彭宣長憶不相隨。江之永矣鮫波闊，室是遠而雁字遲。灌甕病多頻命酒，報瑤情切又敲詩。開籠放雪知非事，見月披窗有所思。

◎禽言 四首

　　割麥插禾，禾老麥將枯。公家還欠去年租，敲門打壁日夜呼，縱有禾麥依然無。

　　乾柴水滴滴，燒又不肯燃。大姑罵食遲，小姑得食嫌。但願姑嫁與公府，朝朝暮暮列鼎釜，終身不知此辛苦。

　　哥哥吃酒醉，嫂嫂扶回去。小叔小叔苦奔波，東封西祀鬢雙皤。日往月來疾如梭，料想前頭壽不多，不飲不飲奈爾何。

作怪作怪，人皆求富貴，爾獨學聖賢。學聖賢，有何緣？疏食水飲曲肱眠，自稱快活自稱仙。學聖賢，有何緣？作怪作怪，富貴誰不愛。

◎秋風辭 三首

父存日疾痺，經秋風多呻吟，感之哀而賦此。

秋風號兮如裂布，我父風痺艱行步。而何一往長不癒，天寒日短時將暮。欲往從之天無路，黃雲慘淡烏啼樹，肝腸摧斷誰瞻顧。

秋風號兮歲云徂，我父風痺誰將扶。生兒小時掌中珠，及長南北走紅途。烏生有子反知哺，我生糞土不如烏，縱然有子依然無。

我生我生空朽腐，今夕何夕納場圃。日往月來箭到弩，兒與父兮成今古。丈夫生不列鼎釜，死後椒漿竟何補。兒哭父兮哭聲苦，父不自知卧黃土。

◎與太空禪僧 二首

暑逐秋林一葉紅，亂藤高竹趁西風。六街燈火人家靜，閑與山僧說苦空。
我坐虛堂皆向實，君長抱影着空多。紅塵要識能為主，秋月澄江映碧沙。

◎蟠龍對 酬王我齋問蟠龍之作

若有湫兮，乃在魚復之國，蠶叢之東，劍閣周遭十萬重。上有娥眉新月照羌戎，冰輪兔魄藥杵紅。下有雲鬟十二鎖，芙蓉瓊裾玉佩搖玲瓏。雪絲裊裊墮涳濛，化爲象馬奔入馮夷宮。生綃一幅懸太空，影入吳灦越漲處處不敢生山峰。郢客一見心怳怳，捫蘿攀薈撥昏蒙，鞭烟撻霧入層崆。六月六日生嚴冬，金鴉赤日翻無功。銀鉤薑尾投幽甋，大叫洞中蟠者龍。群龍兮天上，爾何爲兮山中？滿腹雷霆喑不露，爾獨忍兮塵世之疲癃。我欲以爾訴玄穹，金書玉簡起爾躬。興爾雲，致爾雨，頓令八埏九野春融融。倏然幽壑水如舞，巽二怒號捍強弩。排螟旌兮張鯨斧，揚天桴兮伐河鼓。倒銀漢兮波咸池，搖地姊兮撼天姥。似與郢客通言語，六幕昏黑不知所。夜來夢入龍之山，別有仙境非人間。瑤樹琪花團鶴馭，丹沙雲母護仙關。仙童侍者鏤朱顏，吹風捉月弄銀灣。客亦因之入縹緲，扶桑赤處羲和曉。東視海水青玻璃，區區五嶽彈丸小。安期浮伯幾輪迴，俛仰塵寰多草草。信知凡龍出世間，啄腐吞腥空自老。一聲天雞江月杳，啼醒浮生夢未了。真耶夢耶兩不知，坐見晨星三五橫秋嶠。

◎答贈董麟山徵君 四首

其一①

對酒知無地，相思隔幾山。江遥淫預石，雲斷木容關。已識珠璣綴，空瞻花鳥閑。殷勤寄滇月，去矣好重還。

其二

好句憐飛玉，奇思信剖瓜。十年聞大道，九轉見丹砂。衝淡能爲主，文章自覺嘉。隋宮饒艷麗，雕刻不成花。

---

①道光本無此標題。

其三

高士曾成傳，循良近有名。古今雙美少，橋梓一時生。巫峽洲中立，碧鷄巔上行。水清山更峻，觸處得謳聲。

其四

溪上茅爲屋，天邊玉作堂。有時開竹徑，無意盼仙鄉。每覺韶光轉，閑看燕雀翔。平生書畫癖，應笑米元章。

◎種竹

一曲清溪擁月臺，幽篁處處帶沙栽。春風但願兒孫長，不畏鸞枝覆綠苔。

◎送董願庵乃叔還滇

鳴雨虛堂净桂枝，西飛一鶴騞仙姿。大蘇矍鑠松筠日，小阮風流竹馬時。錦水秋生三峽早，肜雲客過萬山遲。還家莫道官囊薄，剩有幽人贈別詩。

◎答王晴川

偶憐芳草賦胡麻，爲占溪鷗一席沙。雲本無心常出岫，鳥如迓客愛啼花。豈因肱折醫方善，未必裙書字始嘉。金馬玉堂俱可隱，莫猜岩户桂叢遮。

◎馮溪子

五月山中溪水長，樹杪百泉飛溉瀁。怒濤赴壑助松聲，白日魚龍成魍魎。溪邊布穀日催耕，溪上貧家佃作生。眷言强以須贔屓，鋤笠朝朝天未明。生涯飄薄惟破釜，風雨留連薪作潲。大婦斫竹小婦舂，折筧煮糜日已午。田中健兒怒飯遲，兩三赤脚隔江湄。欲向平橋路已繞，捷溪咫尺即茅茨。解衣調笑方移步，未到波心先失足。難言白水即玄壚，綠波信是黃泉路。大婦小婦奔溪前，泪滴溪沙沙亦穿。晚來水落溪頭石，夫君欹傍石床眠。單衣敝席封淺土，眼前酸惻生今古。前山一夜風雨深，幻形依舊棲水府。憶爾當時去住情，壯心視彼康莊平。預知河伯權生殺，誰能慷慨赴滄瀛。人生知進須知止，水災原向火心起。浪言鬼母哭輪迴，人還靈活溪水死。忙裏幾番失脚來，世間萬事類如此。君不見村中馮溪子，朝唱竹枝暮蒿里。

◎雜興

十二峰之杪，上有异人莊。諸山盡古貌，風致近陶唐。周遭數竿竹，朝夕奏琳琅。望中練布泉，白壁挂滄浪。中坐一癯翁，雙瞳搖電光。飄飄雲漢間，泥塗卑八荒。偶因采藥去，邂逅此相羊。長跪前致辭，此恐是仙鄉。願授長生訣，永侍左右旁。翁云我非仙，致身等尋常。世上有丹青，染之令人忙。忙病最難醫，六鑿紛彷徨。翡翠與文豹，豈不美文章。顧以毛羽故，翻以毛羽戕。我本素心子，衣服搗玄霜。頭蓋不我青，腰帶不我黃。絮袍不我紫，玉佩不我蒼。樗散與世違，卜此聊相將。朝朝斫黃精，服之比瓊漿。山海辭灰劫，我壽猶自長。世人啖烟火，不敢索此嘗。緣此自懍悚，視我如鷲翔。浪說有神仙，羡問及紫陽。稽首受斯言，欻然起瞢眊。語訖忽不見，雲深路渺茫。

◎ 溪上春興 十四首

其一①

春草年年綠，春山處處奇。落花如有意，流水本無知。窈窕青霄客，鏗鏘白石辭。殷勤寄猿鶴，正是舞雩時。

其二

種竹不計個，結茅只數椽。乘閑將句覓，覺懶抱雲眠。歐冶原無價，鵁鶄別有天。從容無一事，祇恐易成仙。

其三

獨此溪邊寂，兼之野興長。山川疑島嶼，人世近羲皇。有客來花塢，移尊傍石床。朱弦寥落久，三嘆對宮商。

其四

三竿兩竿竹，一寸二寸魚。此會堪栖鳳，年來可贈書。莊周空往貸，衛女莫欹歔。拾得羅浮種，應歸渭獵車。

其五

一髮青山遠，孤亭黃鳥鳴。烟霞春睡足，風雨夜燈清。謝朓詩多麗，羅含菊又生。祇緣樗散便，不是爲逃名。

其六

草綠黃芽浦，春歸白露灣。四休堪住世，三徑可怡顏。王烈終思石，圖南只愛山。清風還繾綣，來往打柴關。

---

① 道光本無此標題。

其七

雨後山如拭，春殘興覺饒。小橋浮淺水，曲檻護深條。江海孫登嘯，樓臺弄玉簫。幽人得真境，不在馬蹄遥。

其八

衡門多闃寂，溪木更蛐螬。世故憑黃髮，生涯傍白鷗。江淹何事恨，杜甫爲誰愁。一笑無勾管，終朝看水流。

其九

到處心俱泰，尋常興亦奇。花容勾酒膽，山色瀉詩脾。海宇升平日，春風獨樂時。前溪有芳杜，歲歲寄相思。

其十

孤徑幽通谷，三山翠作堆。鳥非緣客喚，花似爲人開。陳繹將書至，山公載酒來。翻因車馬到，踏破一灣苔。

其十一

春事亂如麻，春山背郭斜。雲屯千樹鳥，鼓吹一池蛙。我愛陶弘景，誰傳蔡少霞。何時通脱屣，相與話河車。

其十二

氣壓豐城劍，光堆合浦珠。我生隨白幘，花鳥即青蚨。尋壑非詩引，登山藉酒扶。六橋今夜月，千載照林逋。

其十三

看竹雲生屐，聽泉柳囀鶯。古今行步遠，風月擔頭輕。藤鼠知年齒，醯雞識利名。人生鷗鳥共，達者可忘情。

其十四

廠幔催清曉，看花媚夕卮。芰荷初有服，春水正宜詩。啼鳥通人意，懸蟲似釣絲。原來彭蠡笛，不向世人吹。

◎贈小溪

叠翠堆奇自畫屏，小溪攲石錯繁星。一灣古水今生綠，兩岸長楊短着青。崖壑雲常連豹霧，柴門戶或浸鷗汀。相思記得曾溪畔，風卷松花雨打①萍。

◎杪秋有懷郭夢菊太府，輒賦五言十二首奉贈，兼酬佳句，感時陳抱，并見乎辭

其一②

許國投龍劍，排雲叫鳳墀。徙薪憐獨苦，梳髮已多絺。補拾華蟲識，豐標白獸知。姚崇陳十事，唐室仗安危。（公曾上時政疏十事。）

其二

白日攜琴鶴，青霄刷羽毛。龔牛來海甸，韓鱷去江濤。夔地三分土，耕夫一半刀。峽中藤蓋屋，往歲幾家逃。

---

①打：萬曆本作"汀"，據道光本改。
②道光本無此標題。

其三

落木鴻初到，褰帷菊正明。秉衡時有待，典郡歲仍更。地闢劉封井，江深白帝城。文翁多化雨，肯讓峴山名。

其四

每讀夔門稿，燈花報夜分。已看奎璧燦，轉覺蕙蘭芬。象馬蟠江月，樓船接海雲。偶然生异興，應更著玄文。

其五

玉露垂愚谷，金聲擲草堂。體裁欺鮑謝，雅調入宮商。雀噪空爭樹，鸞鳴必向陽。自知拆襪綫，無計鬥絲長。

其六

落手烟花熟，迎人水月圓。看山隨屐到，得酒傍蓑眠。譙秀甘遺世，桓譚獨信玄。于今千載下，巴國見遺編。

其七

午夢殘金馬，秋思入玉琴。楓楠千樹曉，鷗鷺一灣深。魏闕瞻如昨，蘇門嘯至今。鳥花知我意，拉我到青岑。

其八

吾道松梅淡，年華鶻鳩啼。空能懷鮑叔，原未見祁奚。月落峨嵋淺，雲迴灩澦低。江湖多少事，憂處盡情題。

其九

捫虱淹三徑，騎虹憶十洲。丹砂期熟鼎，白髮欲生頭。自愧非高士，多應負細侯。清風吹杜若，咫尺隔仙舟。

其十

不是厭輕肥，何曾住翠微。龍神應沛澤，鶴野故驚飛。渭北春花晚，山陰夕艇稀。五雲多處望，一望一瞻依。

其十一

秋杪綿衣薄，窗虛竹圃斜。懷人驚白露，寄遠折蒹葭。飲綫期無地，書裙思轉賒。交神偏入夢，入夢筆生花。

其十二

瞿月流三峽，巫雲掠九霄。江山遺此勝，感遇幸今朝。陳榻應知設，袁扉不用招。春波如媚眼，便去放詩瓢。

◎寄傅志宇

三十年來見大家，而今對客賦蒹葭。溪邊飲酒天將午，竹下懷人日欲斜。已識門前栽五柳，豈無頭上插三花。諸兒剩有蹁躚樂，肯學迂疏漫種瓜。

◎寄胡麗吾

與客相逢問麗吾，書香喜又見韓符。十年翰墨三都賦，一日功名五百呼。笑我閑中多酒債，知君忙裏少詩租。何時得遂山陽願，醉臥松根月半梳。

◎ 登彼篇 示諸公

登彼日觀峰，兀然掃石坐。雲霞爲佩裾，金玉爲咳唾。下視紅塵人，盡爲紅塵縛。方着紅塵衣，終以紅塵破。登之欲如何，獨馬不用馱。我馬如玄黃，依舊紅塵臥。君不見，人間擒龍打鳳仙，連山爲琴黃河弦。

◎ 贈別唐漢田

黃葉紅亭秋可呼，賦詩贈別泛屠蘇。望中鄉國三千里，坐裏樓臺十二孤。官冷應知餘苜蓿，時清何必話頭顱。文翁化蜀今猶昨，不在談經與剖符。

◎ 向雪亭見訪

七夕銀河暑未收，馬蹄底事不相留。風塵憶作秦中客，踪迹須知水上漚。茅屋石床三伏冷，黃柑紫蟹五湖秋。雪亭想在山陰畔，得興還撑訪戴①舟。

◎ 不不歌

齊奴婆娑矜豆粥，堆屋黃金三萬斛。金張舊業何龍嵸，兩宮雙闕帶千甍。千甍萬斛應難托，蕣榮朝開暮還落。太山神女嫁西瀛，地黑天昏風雨生。須臾

---

①戴：萬曆本、道光本誤作"載"。按："訪戴舟"用王子猷雪夜訪戴安道事，據改。

雁鶩呼寥廓，白衣蒼狗一時平。翻愧焦螟巢蚊睫，自來自去了無聲。爾何苦，英雄自古無常主。爾奈何，鳳沼原來即雀羅。不不歌，不不歌，何須浪飲丁都護，嘗破春情不在多。君不見，瞿唐來矣鮮，種松千尺種柳短。

◎雜興

鮭魚插高樹，光華滿樹摧。葵膽偶封塗，春意一時回。莫言灰已冷，吹之猶可惺。惺時還灼爍，烹葵及調鼎。枯絙聲百折，溪柳高千桴。天生此物有何心，長與人間管離別。焚香告天與天盟，願天此物不須生。翛然無事茅齋下，萬山松子一溪蘅。

◎欲游岱岳、孔林，先寄楊作吾

泗水自縈青帝麓，尼山遠護聖人家。龍驂碑碣蒼松古，鳳德宮牆老檜斜。歲月空驚懷蕙茝，斗牛應冷舊仙槎。而今地主歸龐統，幾度飛揚醉莫花。

◎林明府以外艱還秭歸，別之以詩 四首

半是圖書半是琴，蒼生盡憶秭歸林。武城惟有弦歌在，一曲相思調轉深。
三日歸程八月槎，昭君村傍水之涯。朝雲暮雨思君夢，夢到村中第幾家。
此出多應忠孝來，來時歡笑去時哀。春風一日吹芳草，乘月還登郭隗臺。
不識相逢到幾時，明年南岳是佳期。夜來去閱瞿唐集，還少三游洞裏詩。

◎釜山堂成憶昔篇一百韵呈莊明府

憶昔游玄圃，相看貫白虹。唐科龍虎出，虞藪鳳麟同。海岳開秦甸，菁茅入漢宮。祇台思夏后，壽考憶周鄾。野鶖皆登俎，秋蛇亦入控。隋珠常并燕，楚玉不遺璁。禮樂遭昭代，琅玕有匪躬。咀華金窈窕，麗藻玉玲瓏。紫電冰千尺，紅綃霧幾盅。鄧林材共梓，昆頂石俱玒。顧以親垂老，兼之病益攻。江湖家獨遠，風雨鬢雙鬈。北①闕心徒壯，南陔志未終。傾葵時耿耿，拾椹更忡忡。芳樹憂鶌鳩，甘霖或螮蝀。跳丸虛宇宙，穿屨倦龍鍾。傾國媒如在，連城價自逢。知章心久破，杜甫耳非聾。也覺鷹非鷲，難言豹即貗。魚因緣木拙，兔爲守株悾。雜縣愁金奏，羸駑畏録嚨。思鱸秋有約，倚馬夢空隆。擊唾誰千里，逃禪且六蟲。燕關雲慘淡，灩澦月朦朧。未展干時策，長看入午銅。回腸頻轉轂，歸路疾飛駾。緣此投三峽，無由見九嵏。陸通還入蜀，种放復居嵩。去去時非晚，蒼蒼勢本穹。往來真泡影，斷送賴醽醁。草歇劉郎綠，花殘白帝紅。峰高遲鳥翾，溪漲疾漁舸。朮客千枝月，鮫人一荻風。陸渾山崒崔，潁濮水衝瀜。徙倚還荒徑，分明覺轉蓬。羅含環宇菊，靖節候門僮。夜雨追姜被，霜蹄恍鮑驄。衣存游子綫，壁挂嶧山桐。母飲猶堪卣，鄰漁并饋蓯。逡巡藏滑瀨，次第摘蔬菘。共道家非國，誰知孝即忠。百年惟菽水，三釜付瀧涷。豹未文章顯，鳥先羽翼翀。蓼莪原不讀，寸草已微功。自識成蒿蔚，人傳近渥灃。屠蟠依薜荔，顔闔友獐狪。出處今人事，陰晴造化公。天高憑雨露，地闊任西東。打麥成茫昧，乘槎總鑿空。豫樟非杞棘，鰌鱺即鯨鰲。黃紙灰應冷，青精意轉烘。平生慕山水，真似困饑餒。旋架崖根屋，還栽石竇楤。園應疑向秀，宅亦近揚雄。蕙徑中封蘚，荆扉不剪芃。清泉隨意活，修竹自然篠。霞氣侵桃樹，烟盦入桂叢。鳥孤穿葉密，蝶弱撲花豐。石瀨徘徊抱，溪田宛轉通。參差成曲巷，高下隱迴櫳。青眼輪輿寂，黃昏社鼓鼕。是山皆得髓，靈藥已成嬭。草木俱仙品，年華度褐絧。曉風清枕簟，暝色黯杉楓。地僻偏宜懶，文豪欲送窮。山光分几席，草色帶涳濛。仰面星辰闊，低頭杯斝醲。臨流頻濯足，入谷欲披

---

①北：萬曆本作"比"，據道光本改。

絨。松館時邀月，山尊或吸筒。一聲成浩浩，萬事忌匆匆。散髮飛孤鵲，聽泉對野猆。酒醒風入榻，客到鶴開籠。坐臥依雲氣，行歌答皁蟊。抱雲眠自在，浥露飲鴻蒙。尋隱長題鳳，逢車偶夢熊。晚成園種漆，鑽久木穿硿。覓句隨髭斷，翻書見蠹訌。婆娑真婗嬬，雕刻覺蠨蛉。寄遠聊扳柳，吟多欲截筒。悲歡塞上馬，心事楚人弓。談笑天隨子，從容桑苧翁。行藏歌杜若，日月佩芎藭。始覺茅齋下，悠然太古中。青山真屬魏，白首始招馮。笑我探奇早，看誰鼓瑟工。天邊摩漢鵠，枝上囀春鳶。剝啄隨時至，沈冥覺自衝。溝中同作斷，肆外莫遺葱。尚友慚孤陋，論經欲折①衷。蛟螭須爛嚼，墝埆漸消融。自後卑鉛槧，知應惜燕鴻。坐多塵到履，靜久蟻喧聰。數定生隨薄，時清道未崇。鶉蛙看幾變，薇藿不求充。單父先投餌，東阿可即戎。閒閻宜愷悌，弦誦到疲癃。花柳知潘岳，丹沙識葛洪。冠裳頻憨憨，車馬下悾悾。圖報先知劣，師資未覺瞢。有詩呈茂宰，無計獻重瞳。

◎殘燈

殘燈將欲滅，欲滅更揚輝。遠思有沉吟，披書寄翠微。

◎覽□□遺事②

千金買參朮，珍藏藥之圃。豈知敗鼓皮，翻治腹中蠱。

---

①折：萬曆本作"拆"，據道光本改。
②道光本題作"覽遺事"。

◎與朱雲石

　　媧皇善補天，西蜀天還漏。精衛能填海，海水愈奔鬥。人間不斬老葛藤，白日依然生棘菽。紫陽崛起五峰巔，雲石溪邊牢結構。我曾深夜話蒲團，欲往方舟不可又，怪爾老狐精，枯木崖前春復春。千年萬年作人語，翻與人間話生死。話生死，迷津深無底。三月浪高魚化龍，痴人猶戽夜塘水。吁嗟嗟！咫尺成千里，鄒人之子已往矣。江浩浩，雲漫漫，明月蘆花君自看。

◎答雲石天人篇之作

　　莫謂天時至，難言人事多。一心輕道路，萬物任風波。枕上羲皇夢，花間擊壤歌。岸頭有真興，舟楫竟如何。

◎福利道人

　　福利道人宅三畝，壁間文字多蝌蚪。山深無曆不知春，只問花開花謝否。

◎春風辭 三首

　　春風起兮花殘，我有美人兮江之干。三年不見兮路漫漫，遠莫致兮贈木難。歲崢嶸而將暮，心惆悵而轉寒。攬宿莽兮搴幽蘭，指九天兮我心丹。願及榮華之未落兮駸玉鸞。何時見我美人兮，使我終夜不寐起長嘆。

　　春風起兮花飛，我有美人兮江之磯。三年不見兮路嶇崎，遠莫致兮贈珠璣。駐雙樹而漸遠，望九關而多違。飲墜露兮餐落菲，柳昏花暝兮我心依。願及年歲之未晏兮駕玉騑。何時見我美人兮，使我終夜不寐轉歔欷。

　　春風起兮花落，我有美人兮江之閣。三年不見兮路沙漠，遠莫致兮贈金錯。日窅窅而下山，花飄飄而漸籜。佩辛夷兮結杜若，不我洵知兮我心臒。願隨風雲上征兮跨丹鶴。何時見我美人兮，使我終夜不寐轉蕭索。

◎黃令長枉山堂，謝之以詩 三首

　　紅泉翠壁繫漁艖，箬笠蒲團對薜蘿。笑我著書耽歲月，看君學道見弦歌。花間雨久人來少，郭外春深野燒多。不有明公能折節，輪蹄誰到白雲窩。

　　福利峰巒接漢齊，蝸廬崛屼枕峰西。青松帶雨蒼虯濕，白石籠雲謝豹啼。汲黯有才長臥治，陸通遺世費招攜。此情惟有嘉榮識，酒自清清唱自低。

　　相逢把袂識循良，潁水當年亦姓黃。三徑未曾傳竹葉，四郊先已種甘棠。綠綺見客音偏雅，玄鶴逢人唳更長。野外不嫌多闃寂，秋高還過白鷗莊。

　　黃，廣西人。安靜悃愊，不事粉飾，雅有古循良風，蓋非俗吏可比也。宜民之情，見乎其辭。

◎江邊送劉環溪

　　琉璃亂潑江之潯，拄杖攜壺坐夕陰。十載構思非我事，千緡何必買胡琴。浮生窮達此江水，須識流行與坎止。古人風節重于山，束帛安車猶不起。臨川郡守痴不痴，却爲維摩剪美髭。一身榮辱且不惜，木雕土塑欲何爲。爾脚長年

登兩室，授得群真龍猛筆。有時點石成鎏鐐，萬里長空翻海日。誰言錯識南華來，黃金世上豈無臺。退之花前將醉倒，獨子不樂何爲哉。

◎壽黃石崗

與君未相逢，時飛玉屑搖玲瓏。與君時邁會，正值蓬弧開玳瑁。君本官中仙，一簾秋水坐青氈。我亦十洲客，暫到人間看古雪。古雪古雪，化作珊瑚卮，奉君祝壽輕君肌。腳踏黃鶴背，身登崑崙池。摘彼長沙星，將此白雪辭。辭古調高筆如掃，萬年回視塵寰小。

◎招張仙歌 三首

世傳張仙化而爲龍，余以萬物莫人若也，作歌招之。

張仙不歸兮春復秋，山空兮風颼颼，草木決鬱兮白日趙趍，石齟齬兮刺觓觓。欲登兮不可以驪，欲涉兮不可以舟，君不歸兮夷猶。

歸來歸來，世有仙人兮別號瞿唐。左宮右商兮，春風日日吹琳琅。歸來與仙人兮，製辛夷之佩，着芙蓉之裳。豐隆輪轅兮，巽二騎驪，朝崑崙兮夕扶桑。予將叩天閽朝玉闕兮，遨游乎八荒。一杓海水東蒼蒼，喬松夭兮篯鏗殤。

萬物惟以人爲主，凄清無如水中苦①。歸來兮都且甫，紫貝宮兮黃金廡，斑螭髓兮素麟脯。琅玕一曲兮衆仙起舞，拍肩蕭史兮咍河鼓。長嘯片時兮塵世千古，歸來歸來兮都且甫，羌泪泪乎凄水府。

---

①苦：萬曆本作"若"，據道光本改。

◎看水篇

天地如棋盤，萬物盤之子。拮据于其間，利害一時耳。五帝信手拈，得失等敝屣。自三王而下，以力不以理。中原鋒鏑場，爪牙張虎兕。戰血流于河，河水年年紫。白骨化爲土，掘土還成壘。其間瀺灂争，鹿鹿不可指。尺寸确蠅頭，多于慕膻蟻。原來陰陽氣，揉雜相因倚。二氣迭循環，勝負長不已。有春必有秋，有生必有死。有晝必有夜，有終必有始。有王必有伯，有惡必有美。有尊必有卑，有冠必有履。有巨必有細，有綱必有紀。有華必有夷，有粟必有粃。有成必有敗，有此必有彼。有治必有亂，有泰必有否。有吉必有凶，有表必有裏。有通①必有塞，有張必有弛。有晦必有明，有遠必有邇。有强必有弱，有憂必有喜。有往必有來，有行必有止。有長必有短，有譽必有毁。是以勝負場，亘古皆如此。氣數之必然，豈人所可使。我亦常觀化，幾入紅塵暋。打破古今事，一笑而已矣。懶到棋盤中，搬弄争我你。却立棋盤上，閑看浮雲起。有雲飽看雲，無雲看流水。

◎寄劉洞衡

十載支離久，三秋夢寐長。江山巴國樹，鶴鸛楚天霜。詩作蛟龍吼，名應蓀蕙香。南來有春雁，何日度瀟湘。

---

①通：道光本作"遇"。

◎秋夕

积雨空阶湿，秋山反照多。鸣蛩知惨切，落木更如何。白酒时浇菊，青衫已剪荷。蘧瑗思寡过，慷慨欲挥戈。

◎寄杨印峰

梁州①桃李已成梁，鹤迹还遗愧竹堂。此日三巴翻教授，他年七里（峡名。）颂甘棠。无情塞雪连心冷，有意江梅照眼香。却忆草玄珍重久，新诗不过野人墙。

◎康村

红树千峰远，青溪万壑卑。沙虚修竹短，春浅落花迟。水石平分处，渔樵问答时。鸟声长一啭，似欲慰诗脾。

---

①梁州：道光本作"果州"，应是。

◎寄林子 二首

其一①

不見林生久，悠悠未可期。方秋來入夢，無地去投詩。梅福傳書日，程門立雪時。于今二十載，鬢髮各成絲。

其二

迢遞遺雙鯉，虛徐又九年。秋生魚復浦，人憶碧雞巔。有客三刀夢，將書萬里傳。孤山多刻意，我亦愛逋仙。

◎白崖道中遙寄楊雙泉

十年杯酒龍宮日，三月塋封馬鬣時。郢曲漸忘投去調，梅花尚憶寄來詩。王猷未見山陰面，蔣翊寧忘竹徑思。已許瞿唐今夜月，百壺同醉刺桐枝。

---

①道光本無此標題。

◎ 笑吟 四首①

其一②

夢魚即豐廩，夢棺即剖符。笑我不浪夢，一枕盡虛無。

其二

大釣鯨與鰻，小釣蝦與蟣。笑我長持竿，只釣寒潭月。

其三

吹笛可成佛，吹簫可得仙。笑我懶求吹，只撫無心弦。

其四

倅車以行山，杼車以行澤。笑我只輕車，處處皆阡陌。

◎ 答楊郡博 二首

其一③

伯起談經日，橐駝種樹時。三巴稱政教，五典賴君師。笑我長多病，逢人每見遲。秋風吹落木，無賴自題詩。

---

① 道光本無"四首"二字。
② 道光本無此標題。
③ 道光本無此標題。

其二

斑斕堪製服，麋鹿遂相從。白日嗟河伯，青天問火龍。農家誰比櫛，歲序到寒蛩。莫謂巴川漏，媧皇已補縫。

◎題贈東明禪僧 二首

其一①

寺下長川净夕暉，寺邊高竹帶霜飛。登堂便覺僧家静，得句翻思遁者肥。空寂不妨通短刺，相逢還欲借禪衣。明年共約登衡岳，坐看冰簾捲翠微。

其二②

一幅蒲團百尺竿，眼看孤鶴度高寒。流雲時潤松間石，蒼葡長依月下檀。浪説幻形同土偶，誰將好句比琅玕。陶潛性懶多耽酒，白社③從今莫素餐。

◎寄朱懷陽兼問慎所 二首

其一④

易水探春日，夔州反棹時。相違無半載，悵望起孤思。積雨空林濕，寒花

---

①道光本無此標題。
②道光本無此標題。
③社：萬曆本作"杜"，據道光本改。
④道光本無此標題。

小徑欹。幽居無底事，料得故人知。

其二

彩筆題青嶂，長歌問紫陽。投詩將縮地，無計可登堂。千里家非遠，三刀夢亦祥。王褒吾憶爾，滇海隔微茫。

◎寄石峰

積雨江村水帶沙，懷人長憶隔蒹葭。晴霞遠遠紅將斂，崖竹森森翠欲斜。白髮何曾嫌貴客，青蚨原不戀貧家。細推物理堪成笑，對酒當歌看暮花。

◎雜言答楊計部

種樹不可兩，兩樹難并株。兩傍枝若秀，中枝必定枯。欲纏萬貫錢，難駕揚州鶴。欲駕揚州鶴，不得衝寥廓。蜀地無窮山，吳地無窮水。天公怒不平，取彼以均此。剛風吹不去，精衛填不起。世界本缺陷，天亦不得已。

◎挽馮孔崖

仗劍平生識者誰，風流慷慨亦吾師。丹沙曾覓三千里，黃閣空傳十二宜。（曾奏十二事宜。）身後馮唐知有子，眼前郭泰豈無碑。百年回首成陳夢，落日寒烟起笛思。

◎答郭夢菊督學

交因澹泊成，詩或江山助。君昔過蟠龍，擲地天台賦。芳訊飛瑤華，妍談發珠樹。曬以明月光，潤以金莖露。照我養痾顏，息彼求羊癇。笑非采秀姿，兀坐空山霧。譬彼款段才，已甘長鳴薁。久無伏櫪思，翻成伯樂顧。蘭苕覆春洲，金虎違秋度。嘯傲一枝巢，緬邈千里路。河廣川無梁，無由抒情素。豈識朱鷺翱，還驚飛練兔。鄉耋集莊馗，歌滿舊時袴。文旄指巫陽，桃李沾修注。其中圓方流，嫪此亭亭璐。子衿江南吟，終失邯鄲步。鷓鳩叫日華，虞淵不肯住。百年瞬息間，多因牽世務。因風灑短箋，願托雲中鶩。何時羅浮春，慰此江東暮。

◎送王我齋

馬蹄行色帶秋清，事業河汾舊有名。六載鱣堂多化雨，九霄鵬背快雲程。題詩想過滕王閣，懷古知登白帝城。我欲匡廬尋五老，琴尊何日話平生①。

◎龜雖壽 贈張北村西游

古樂府《龜雖壽》辭中有"老驥伏櫪，志在千里。烈士暮年，壯心不已"之句，故作此贈之。

白雲如游龍，青松如翠蓋。松風撼游龍，化作文犀帶。俯仰天地間，莫只學自在。曬然一粒碧霞丹，佷儜肯當落英餐。浮槎一日天孫杵，便欲抽毫獻治

---

①平生：道光本作"生平"。

安。工部因詩方寓蜀，步兵爲酒去求官。釣璜物色磻溪石，鼓刀未必老江干。吁嗟嗟！男兒名，重太山。身如葉蓬蒿，慷慨鬚頻捋。幾迴修況嘆餘音，流水高山長噴噴。魚腸遇雨作龍吟，縹緲久抱干時策。仰天長嘯太宇寬，醉後歌殘唾壺缺。君不見，臨邛渴病老文園，也犯逆鱗去諫獵。

◎送古建吾

君不見，河東守，前者稱賢後者否。一片昭華在眼前，秦珉燕珸隨人口。又不見，劉連州，玄都觀裏再來游。種桃道士知何處，一笑從前看蒯緱。古來賢達知多少，榮名一念都難了。譬如去上峒嶁尖，狄薑獑玃只到杪。標巔一望地位高，猶恨致身胡不早。假令山腰可了心，銅虎銀魚已不小。古人既如此，今人復何疑。況君硞砢世所罕，倒傾蛟室愈瑰琦。冰輪西晦東還燦，衆星捧上青琉璃。一時暫被浮雲妒，兔魄蟾光竟未虧。完名好似黃丞相，重來再去莫噓欷。

◎有客

地僻忽驚千里客，雲深長斷九霄鴻。疏狂自識成敖叟，尋訪誰疑是醉翁。帶雨枯松橫淺水，背人啼鳥隔深叢。風流却笑柴桑子，一徑黃花滿甕紅。

◎憶昔歌，送楊大理還滇，兼酬見懷

憶昔憶昔江草緑，草玄之子抱紅玉。天東無人繫龍足，十年一別如轉燭。長風吹送白雲曲，今夕何夕到空谷。空谷空谷竟如何，當日相看意氣多。袖拂驪龍珠，能令起龍梭。而君亦何爲，亦復歸山阿。我聞山阿無如點蒼好，萬里芙蓉開縹緲。銀河日夜挂天表，三江五岳杯拳小。瞿唐道人心已了，幾欲乘鷺陵風矯。與爾同登十九峰之杪，掃雪穿雲尋窈窕。三千弱水開池沼，荷衣蕙帶冠裳巧。蟠桃如斗瓜如①棗，一坐萬年不得老，下視八荒如秋草。

◎蒼谷歌 爲王方伯題

長風漠漠起平陸，吹向蒼山入幽谷。林薄蕭森落畫圖，中有异人坐崖麓。憶昔异人正少年，走馬獻賦明光前。飄飄凌空横一劍，彈冠不謂囊無錢。一朝翻然思甘旨，拂衣棄官如棄屣。清時不敢挂冠歸，安石終爲蒼生起。雲梢幢棨下徐揚，烏紗白髮照滄浪。原來宦海千年夢，白日慘淡悲風黄。一時哭盡閭閻血，龍鳳有雛還踔絶。總角之子解辭金，坐中簪組皆擊節。江山荏苒春復秋，三十年來土一丘。璧光有氣衝星斗，石麟無語傍松楸。逝波一去不復返，蒼谷悠悠落日短。鬱紆景色尚依然，花開花謝無人管。獨存鐵石舊肝腸，化作琳璆五色章。還繫令兒思百折，讀之我亦神悲愴。君不見，男兒志裹革，此言于今猶凜烈。又不見，子柳賙布班諸貧，今人那得如古人。古心古事今已矣，貞文孝者爲誰子。嵩山汝海渺不見，碧雲瓊樹空仰止。

---

①如：萬曆本作"之"，據道光本改。

◎釜山堂成

松子投幃暮，茅堂卜①筑初。山深交誼少，親老宦情疏。種核黃泥裹，敲詩綠葉書。春深多燕雀，鳥亦愛吾廬。

◎答胡忠庵憲副

一秋閣筆門長閉，十步幽亭草未鋤。五柳先生方兀睡，七松處士忽拋書。霜風菊蕊迎人笑，流水柴扉過者疏。跨馬何時共尊酒，題詩掃石摘水蔬。

憶昔兒童花滿枝，而今蒲柳鬢生絲。十年雞黍何曾約，兩地風流各自奇。虞氏著書知已晚，樊侯種漆未嫌遲。芙蓉冷落秋光净，水白山青有所思。

為戀斑斕慣狎鷗，忘機事事淡于秋。千山未放盧敖腳，一葉翻思范蠡舟。以我解彈明月調，多君來問草堂幽。歌成伐木無人和，鳥自嚶嚶水自流。

◎梅花

大造無冷暖，孤根亦覺短。自從嫁逋仙，春官不得管。

---

①卜：道光本誤作"下"。

◎游五岳還，曹荔溪以詩見問，用韻奉答

不才天上誰來召，有興人間且去游。携得月琴隨鶴住，惟無玉帶與僧留。許多臺榭違君賞，到處烟霞共我幽。乍起相思相見意，吟魂又夢入渝州。

卷二

悟山稿

◎題懷梓依蘭卷

慷慨相逢劍氣丹，詩成月白井梧寒。江山海內誰懷梓①，樽酒天涯幾倚蘭。南去兒童迎竹馬，北來禁樹繞闌竿。古今寰宇皆兄弟，自是人間不肯看。

◎登天元寺

鬌髮亦自嶷，愼愼此勵勗。今日登此堂，蕊宮半荊棘。怪爾嚙藤鼠，黑白交追逼。苾芻多伴儔，鸜鵒如蚋蚋。時有采樵人，卧此碑中墨。日穿金粟影，參差舊蘿芳。山川騰紫翠，合沓亦奇特。胡爲乎濩落，令我心惻惻。炎火吾所慕，方車不可陟。睡兀髀肉生，翻爲山鬼識。笑爾方平子，勸我侑厨食。鳳皇

---

①梓：萬曆本作"榟"，據道光本改。

集梧桐，高岡多歹尉。豈不願人間，羞與黃雀息。前有嶺如削，諸峰馬爭駛。好開黃精圃，白日生羽翼。歸飛雲漢間，祥雲襯五色。

◎登石佛寺

喝暑欲無聊，幽堂偶見招。秋潭沉窈窕，太白鬱岩嶢。寺傍孤根石，溪橫獨木橋。龍蛇蟠殿古，烟霧接天迢。迎送蒼髯管，浮休白日消。興清鳴磬寂，望遠渡杯遙。縱目重登榭，除煩不係瓢。素弦彈賈島，黃耳摘參寥。邂逅題崖穴，留連坐斗杓。林塘如姓魏，刀筆更聞堯。几席緣風口，壺觴對野樵。開襟陟嶼館，觸熱過山椒。

◎長歌

君不見，東鄰小兒誇敏慧，手抱琅玕去謁帝。中拜太子舍人時，頭角未完剛四歲。又不見，西鄰老翁九十九，兩鬢鬔鬙雪蒙首。鐵杖蒲輪入鄆城，翠甕珍盤方適口。早者何早遲何遲，早者非黠遲非痴。世間不獨人如此，欲上蒼蒼問所之。一陽嶰谷方吹籥，玄枵尚未交寒鑰。江梅忽爾出墙東，婷約居然先筆橐。及至菊開則不然，迂疏澹泊任留連。自春經夏衆芳歇，方斟玉露結金團。逋仙乘馬追風驟，靖節之車瞠乎後。二賢假令坐一堂，更倩誰人分左右。勸君看花莫厭遲，鬢髮空催十丈絲。春風秋月如無恙，菊蕊梅鈿自有時。

◎了生死

　　死字如滄海，人生水潺潺。溪河有大小，俱欲赴其間。誰挽謝電波，逆行至于山。生字如布經，富貴布之梭。南去與北來，手足俱奔波。及爾布織成，尺寸苦不多。生死即晝夜，斯道日中天。晝夜有晦明，天地之當然。我能盡其道，千古猶光圓。人能知此理，便能了生死。

◎獨立

　　獨立滄江遠，回看孤嶼清。綠苔團①竹徑，黃葉送蟬聲。世豈疏儒術，人多戀利名。鳳皇如欲出，依舊向陽鳴。

◎錦城歌，贈從弟文進赴成都試

　　峨嵋秋月涼于水，錦里弦歌滿人耳。濯錦橋頭立馬看，芙蓉縹緲開羅綺。我曾乘興百花游，眼底乾坤到十洲。珠林琪樹猶迷目，屈指于今二十秋。丈夫功名須脫灑，捋鬚莫令居人下。題橋之子何軒昂，歸日蕭蕭馳四馬。爾姿如玉尚少年，春日桃華出水蓮。欲于天上陳三策，須向舟中擊一鞭。我今行年不爾若，雙親白髮垂于鶴。戀此斑斕五色衣，乾坤俯仰成寥廓。此行爾莫漫逡巡，揮戈駐景亦由人。自古文章多傲命，梓②里雲山盡是春。錦城歌，歌聲壯，一聲裂石秋相望。

---

①團：道光本作"圍"。
②梓：萬曆本作"梓"，據道光本改。

◎誰人

誰人太碑矶，築室傍崖嶅。地繞龍蛇窟，墻依翡翠巢。野雲流石髓，疏雨净仙茅。一片泉如雪，當年擬虎跑。

◎寄朱誠齋 四首

其一①

不見誠齋久，因風寄數行。歲時天轉熱，夢寐我思長。宿雨生叢棘，晴林有閏楊。烹龜無底事，漫說及枯桑。

其二

患難尋常事，淹留翻可憐。眼中皆是地，頭上豈無天。飲啄且成數，崎嶇豈偶然。自思還自笑，不必泪長懸。

其三

逆旅琴尊少，空山音信遲。交情廷尉識，世故塞翁知。集蓼心長苦，閱牆事可悲。古人求自是，此外復何爲。

其四

五月生陰雨，千山滴薜蘿。鳴蛙長到徑，野水欲成河。泄柳門頻閉，茂陵病更多。相思空悵望，無奈故人何。

---

① 道光本無此標題。

◎行路難

　　古《行路難》太涉愁苦，作此反之。便寄與譚敬所侍御左遷。

　　君不見，花發凌烟閣。前日上花枝，今日辭花籜。又不見，柳拂銅雀臺。既許秋風落，還許春風開。一開一落人何有，千愁萬愁一杯酒。朝還着綺羅，暮即填培塿。芻狗哭土龍，土龍哭芻狗。行路難，行路難，行路之難有如此，嗟爾世心原不死。幾人幾人買丹砂，依然去駕黃壚車。回首回首種祇樹，天花迸空無着足。無着足，無着足，人間信有難行路，舉世難行絕往來。嗟爾欲行之人，亦將爲之何哉。我有兩腳輕于灰，不怕羊腸鳥道七盤九折之崔嵬。東西南北縱所如，未嘗臨路浪生哀。朝朝暮暮雲霄上，幾度崑崙縣圃來。崑崙有路分南北，竭來盡是尋真客。只緣世上行路難，鳥語長啼行不得。路入南兮雷甸甸，十二樓臺侵水晶。步余馬兮紉杜蘅，持玉簡兮朝太清。叫九嶷之舜英，日域月①鶻奠升平，喜起喜起廖復廖。路入北兮石泠泠，烟霞盤護桃花井，一斛瓊漿步紫靈，長與天地爭久永。霓吾衣裳兮海日静，琴吾素月兮萬籟省，下視紅塵如棄緶。天生我才信不多，登巢桴蠡時非他，仰天白日自吟哦。此身不受一塵染，任爾世路之南之北、或長或短、或大或小、或險或易、或得或喪之風波。吾何爲兮而女嬃、而靈氛、而慎竈，欲行不行翻嗟跎。手提玉龍欺素娥，蛇游狐立空嘔唆，世路世路將予何。怪爾浮休子，不信周道平于水，終日兀坐愁城裏。生前縱跨黃金印，死後空成皺眉鬼。行路難，行路難，侑爾歌，加爾餐。鳳皇不啄人間粟，八埏九野何地無琅玕，莫將行路起長嘆。

◎過吳氏舊莊

　　策馬驅危蹬，題詩問落霞。頹園團野竹，細雨濕殘花。山水疑前日，崔盧

---

①月：萬曆本作"日"，據道光本改。

非舊家。誰言千載後，渤海變桑麻。

◎答陳近夫

閑來無事或臨流，爲弄溪山月一鈎。自是磬聲驚荷蕢，不關花鳥傲王侯。

◎贈謝郡博

一秋雨滴石淙莊，兩度書曾君子堂。逸鳳久知連北阮，乘龍不識即東床。鄨江入夢鄉音近，苜蓿盈盤道味長。閑對鄡林看世德，家鷄野鶩墨花香。

◎林明府載酒枉山中，蒼卒缺款，詩以謝之

野鶴疏雲淡浦沙，盤餐市味隔蒹葭。逍遙久飽元修菜，愷悌新添宋就瓜。豈有經綸驚薄海，多應松菊到貧家。歡呼幸剩滄洲興，鸂鶒鸕鷀答客鍋。

◎竹舍

自任苔蘚自掃塵，有時搔首有時巾。野花啼鳥無人管，都入先生一部春。

◎ 聞楊崑洲少參訃①四首

其一②

宦海愁邊夢，生涯掌上厄。故人今若此，吾道復何之。秋雨留連日，關河滴泪時。寄情彈別鶴，哀調不成絲。

其二

江夏思楊震，平臺問范滂。百年歸皓首，萬事屬黃粱。風雨生芻遠，乾坤宿草長。曹蜍知尚健，未死即亡羊。

其三

往者游京國，兼之晤達泉。把杯成一笑，計別未三年。交誼延陵劍，相思叔夜弦。詩成無處遞，灑涕向寒箋。

其四

驄從飛黃蓋，精英入紫垣。尚平婚未畢，元直母猶存。水落秋容慘，鳥啼野日昏。靈均門下客，誰與賦招魂。

◎ 雜言

莫道三伏中，終朝只穿葛。雨餘生晚凉，須換綿衣着。

---

① 訃：道光本誤作"計"。
② 道光本無此標題。

◎與丁任夫劇飲

　　春風吹山山欲裂，一點落花一點血。真血耗散春容摧，黃金難買朱顏客。朱顏朱顏欲住時，劫灰無奈擊玻璃。玉液金脂不盡醉，吞黿嘽鳳欲何爲。銀光之子莫趑趄，爲爾琢句開矇矓。歲星一夕化爲人，腐落肯甘同草木。綠蛇不得游帝都，白駒終自聞空谷。舉頭一望天地寬，何須手抱青萍哭。笑爾百戰刀剪禿，長恨鮎魚不緣竹。酹爾一杯酒，將爾愁腸傾萬斛。我有逍遙不死之神術，清風爲我車，明月爲我轂，青天白日騎黃鵠。千年萬年瞿唐子，此生已知逍遙不死矣。縱死亦必化詩仙，不似愁人登鬼錄。

◎針

　　憐爾孤標直，鋒鋩鬥雪霜。磨礱知出處，布帛見文章。天上君王袞，堂前慈母裳。雙雙未補報，一綫抵天長。

◎赤甲行

　　赤甲秋風一夜饒，百卉芳歇梧桐凋。美人別後隔山椒，蒹葭秋水天共遙。欲往相從路無船，星漢西流夜迢迢。尺書恨不寄明朝，鸞姿一去不可招。西飛白日馬鑣鑣，流光轉盼又玄枵。援琴鳴弦寫寂寥，一曲相思不成調，空憶當年舊板橋。

◎村居 二首①

　　野服黄冠對竹根，雞聲雀語送朝昏。有田只種陶潛秫，無事常關泄柳門。白石鳥來留篆迹，青溪雨過帶潮痕。蒲團纔到忘言處，又被鸕鷀叩釣綸。

　　石屋藤床傍釣沙，綠綺白雪斷龍蛇。春風夜月迎窗草，尊酒茅檐向日花。王烈無官知愛石，邵平有客暫需瓜。朱幡刺史頻來往，疑是西湖處士家。

◎有客 二首

　　窈窕青山歲已更，忘機處處有鷗盟。一溪流水源頭活，半榻清風戶牖明。共喜陳蕃能下士，誰知李密欲陳情。焦桐幾度希聲處，雲自無心鳥自鳴。

　　露滴雲流淨石淙，野猿幽鳥亦春容。當檐花撲仙人几，隔澗霞封隱者松。歲月漸隨芝草長，道情常共酒杯醲。東京有客來相訪，家住夔州十二峰。

◎答陳近夫 三首

其一②

　　浪說長安路不多，舊時都入葛藤窩。行來行去頭將白，依舊還從蔥嶺過。

---

①道光本無"二首"二字。
②道光本無此標題。

其二①

南去波濤千尺深，北來車馬萬山平。人人都爲風帆利，不向輕車熟道行。

其三②

月下金鉤倒欲垂，千門萬戶正開時。此中水火能生活，便是崑崙第一枝。

◎ 雜興 四首

其一③

秋風夜怒號，肅殺如斤斧。蟋蟀最可憐，喞喞聲何苦。人生天地間，來往成今古④。翩翩一小兒，黃髮已可數。夜臺幽且深，朱黻亦何補。

其二

山前食熊趾，山後食蕨薇。熊趾食之飽，蕨薇食之饑。饑者身常瘠，飽者身常肥。瘠者壽千歲，肥者七十稀。

其三

西方有懷人，一隔千萬里。秋深欲寄書，托此江中鯉。三年不反命，感嘆中夜起。今夕尺書來，令我陶然喜。長跪讀尺書，琳瑯滿人耳。念我無遐心，故人猶如此。先名囁嚅翁，近名浮休子。

---

① 道光本無此標題。
② 道光本無此標題。
③ 道光本無此標題。
④ 今古：道光本誤作"古今"。

其四

鬱鬱山上松，虯枝何嬝嬝。根盤一萬里，萬木俱卑眇。宗工取良材，車馬長安道。笑彼蕣榮華，發光何太早。朝還滋剪裁，暮即同靡草。我曾上崑崙，烟客多縹緲。層城為園囿，弱水為池沼。種彼十圍禾，食之百年飽。花非開千年，結實居然小。寄與山中人，百事須難老。大才原晚成，驟得非良寶。

◎ 梅軒歌 寄辰溪吳明府

江雲夜落豆秸小，天花亂墜靈山巧。瓊崖瑤璋互繽紛，琪樹珠林相縹緲。玄雲青女抱持來，欺霜凌雪立蒼苔。一夜東風吹石裂，百花不敢先春開。吳侯自小負奇節，高標與爾同皎潔。臨風對雪廠孤軒，幽谷晴櫺兩奇絕。神游我昔泛花津，翛然倒着白綸巾。疏影樓臺銜暮色，世上徐熙浪寫真。大庾直接蓬壺境，長往令人發深省。群真向夕擊波黎，羽服縞車環佩冷。此軒不見又經秋，洞庭青草江悠悠。踏雪披蓑尋不得，幾回夢裏到羅浮。丈夫行藏須婠約，手抱青萍入宇廓。調羹鼎鼐事之常，莫把明珠投暗雀。梅根日久自窊柰，應同辰水變丹沙。知君此去成仙令，翻笑孤山處士家。

◎ 贈古養吾

一曲陽春調轉嘉，宮商俄爾入烟霞。原來冀北生騏驥，自是鄴林長桂華。寺靜樓臺侵霧樹，月高燈火對汀沙。明年濯錦秋風發，銀漢津頭有斗槎。

◎朱少府曾許枉太白山堂，乃遣人惠巾并扇，寄之以詩 三首

其一①

昔日充城去，曾云過草堂。豈知翻厚貺，今復枉疏狂。遇雨先須折，乘風且奉揚。菊花秋露白，不共故人嘗。

其二

聞爾清操甚，官衙亦泠然。將簪長當米，沽酒每賒錢。羊續魚猶在，時苗犢可牽。好來看魚犢，吟弄共留連。

其三

秋雨濛濛落，秋山處處登。君應同野鶴，我亦似孤僧。客到尋常飯，閑居紙竹燈。白雲長繞榻，得酒即飛騰。

◎寄贈汪大池 二首

水北山南春復春，夢中長是爲傳神。吟邊拉客張標酒_{蜀酒名}，醉裏看花折②角巾。兩地共鈎江上月，十年岐路馬頭塵。誰言高士今成傳，髮白猶聞起渭濱。

草滿虛窗③花滿枝，百年心事白雲知。方思東岱南衡日，剛畢男婚女嫁時。

---

①道光本無此標題。
②折：萬曆本作"拆"，據道光本改。
③窗：萬曆本作"窻"，道光本为墨钉。

蘇晋有絲皆繡佛，浪仙無寺不題詩。蒲團贏得團欒話，字字驚人句句奇。

◎答范羅岡兵憲 二首

其一①

燕社淹梅雨，魚書忽草堂。開械如面命，捧讀憶台光。月入咸京古，雲連漢畤長，南山詩更麗，烟水隔蒼茫。

其二

舊負澄清志，新收破膽歌。惠風方偃草，渥水盡恬波。楚蜀烟嵐接，獠夷出沒多。攙搶猶憶昔，十載未停戈。

◎寄楊鑑谷僉憲 時任堯亦宦滇

昔別美人兮，北風颼颼。今思美人兮，滇海悠悠。海中碧雞飛天表，銀漢一聲江浦曉。長風搖曳捲玻璃，回看島嶼杯螺小。有時旌節駐層城，坐令長虹海角生。三千弱水蒼茫外，月明何處有笙聲。此境人間不常有，暫時歡娛亦非偶。欲往從之隔世寰，空令秋風成白首。有侄有侄海之陽，二年不見我思長。剪碎青霞爲詩章，因風吹到美人傍。此中荷葉大于舫，我欲取之爲衣裳。何時走送我山房，欲來不來遙相望。

---

①道光本無此標題。

◎聞彼篇

聞彼焦山中，往往求仙客。衆客事拮据，一客獨蕭索。結髮坐林巒，嘐嘽長憺怕。偶爾太清君，詣此相朝夕。叩彼丹沙事，掉頭翻嘆嘆。止授一木鑽，石盤則五尺。木若鑽盤穿，輕風籾兩腋。領命遄歸思，反覆多驚悸。木柔石則剛，此理信匪易。終朝事鑽研，羸屓①常跼蹐。衆若笑彼痴，彼功終不射。有時木或盡，逡巡繼杞棘。心與石同堅，妄以木俱息。一年復一年，石薄如皮革。鴻絧倏爾穿，雪然天門闢。宮闕高巃嵷，別有乾坤宅。滿地凝水晶，輝映雲霞碧。身方到帝前，名已注仙籍。鞭風駕雷霆，無往不可適。苦樂相因仍，屈伸不獨蚓。有恆通神明，積久貫金石。回視前石盤，明瑩珊瑚赤。

◎畫 王正郎宅

亂石粘山山欲飛，白雲芳草長山衣。一派銀冰落樹杪，萬里烟波咫尺微。中有幽人坐山足，棕鞋衶帽挂孤樹。來時似有霧沾衣，坐久不知將日暮。崖根老樹枝半枯，野雀枝間隔葉呼。呼時似識幽人意，好侍山泉月一梳。平生愛山看即飽，試鑿閶風空自好。王維畫裏勝概多，令我幽思筆如掃。

◎戲題李子堐禪師草庵歌

鐵鞋踏破緇塵路，眼前寶筏無人渡。難將空手見空王，蕭條且向山巔住。山巔四顧盡烟嵐，五禪暫學繭中蠶。割霧誅雲圖了快，李子仍成白石庵。庵中

---

①屓：萬曆本作"負"，據道光本改。

日日餐荒薺，杖敲破甕原無底。五牛一日牧山頭，四方齊送盤陀米。古來佛殿多不靈，羅縠空將掩雀瓶。雞園處處迷秋草，不管樓臺散落星。我住庵，庵住我，有時庵破也亦可。千枝松影逐溪東，六櫺長爲頑雲鎖。假令狂蜂逐紙白，化鶴之兒成螺蠃。也不禮佛，也不修心，浪說披沙去揀金，朝朝暮暮庵中尋。瞿唐道人亦知音，長抱無弦自在琴。幾欲抱琴訪鹿刹，猶恐山中石頭滑。墨花亂灑草庵歌，因風吹送鳥之窠。鳥窠鳥窠，草庵能作佛，瓦殿定成魔。試將一轉語，來寄白鷗簑，翠竹黃花滿地多。當面爾若不能見，草庵草庵奈爾何。

◎王似泉下第見訪 有序

天遠憐疲馬，春殘惜落花。風塵妾薄命，富貴浪陶沙。竹影侵池薄，雲容靄樹斜。且乾鸚鵡盞，莫羨漢江槎。

昔劉禹錫題《浪陶沙》云：“日照澄洲江霧開，陶金女伴滿江隈。美人首飾侯王印，盡是沙中浪底來。”白居易題云：“隨波逐浪到天涯，遷客生還有幾家。却到帝鄉重富貴，請君莫忘浪陶沙。”予之句蓋本于此，因王問及《浪陶沙》之句，故又以昔人二詩足之，言功名富貴不可驟至，必勤苦也，予非輕引人以退者。

◎聞我齋遷轉

江水下揚瀾，人歌蜀道難。從來千里翮，肯向一枝安。宇宙馮驊鋏，芝蘭貢禹冠。看君振文鐸，斗氣轉芒寒。

◎有花篇

洛陽橋上春如織，千枝萬枝鋪紅罽。鶴林神女舞霓裳，幾度徐熙畫不得。看花之人何繽紛，不識春光在頃刻。不識不識亦可憐，千古已後，萬古已前。鳶飛于淵，魚躍于天。千鈞空挽六螭轡，髮白面皺轉相牽。南山峨峨石壘壘，天風吹爾作海水。孔子孟軻生一遭，錢鏗喬松萬遍死。假令不得其中意，再生萬遍亦如此。踆烏白日啄人髓，鑿石得火倏忽爾。歸來乎，歸來乎，山有蕨，水有薑。窮鬼笑錢神，錢神笑窮鬼。

◎答人

十年不出孫明復，一榻頻穿管幼安。我欲溪中釣明月，肯將鉤餌與人看。

◎與歸雲寺和尚

畏冷重添破衲頭，幻心原不論春秋。溪蔬煮罷無多事，獨木橋邊看水流。

◎贈溫崇峰

城下薰風捲玉荷，城邊有客隔松蘿。欲看三峽鮫人勝，便駕千金范蠡艖。鄉思關心歸夢遠，湖山入望畫圖多。何時共約馮飛練，爛醉仙人踏踏歌。

◎寄莊岐岡郡丞

蟠龍山下牽裾別，灩預①堆前使者還。自後杳然無一字，于今宛若隔三年。天寒松子催鸚鵡，春盡榆條怨杜鵑。惟有甘棠亭上月，風清夜夜向人圓。

◎答贈汪大池，大池曾爲母不仕，捐宅學中

自把珊瑚閱歲華，詩來多半帶烟霞。陳情李密應思國，捐宅希文不爲家。笑我長年歌澳竹，懷君幾度賦蒹葭。吟成獨立空相憶，撲筆挑燈拂劍花。

◎同邢淺庵推府，王葵軒、莊岐岡二明府，古民部游蟠龍洞得雨字三十韵

諸峰羅兒孫，一峰插岣嶁。古湫山之窩，雙壁鑿斤斧。沉沉牛渚磯，靈怪蟠水府。中有沙羅奇，璁瑢佩碧乳。齫齬墜青錦，蹲踞如放舞。渥水相紛颭，饑蛟吞渴虎。九龍來瀑布，萬壑擊雷鼓。地媼澆醴泉，醉此梁州土。諸山盡酕醄，不知有天寓。乃知天子郜，先後爭步武。鄉人憂旱魃，缾罐時偷雨。豈知人心靈，應響如連弩。耳夢古老言，仙客煉藥釜。一朝帝有詔，拜下頭角膴。意者巢許輩，嘩嘮開花塢。依山巢雲松，種藥傍水滸。槎牙萬叠峰，朝夕成賓主。一朝隨化迸，竭來同啄腐。爲人復爲龍，事亦近蒿藋。髣髴李八百，空筌入仙譜。緣鵠飾玉輦，好事成亥魯。偶來登此山，春花鬥萋莆。二三游宦客，暫解龜魚組。斛水净煩襟，一洗塵囂腑。乘醉弄潺湲，出洞即今古。安侍駕飛

---

①預：道光本作"澦"。

車，減靷入天姥。更有翛翛興，走筆愧鸚鵡。幸爾坡仙在，却爲徐凝補。

◎我有半輪月

我有半輪月，摘之自峨嵋。從我江南游，長伴江之湄。今日歸來北窗卧，剪碎清光挂我帷。有時清光還入夢，八荒寥廓天如洞。瓊樓玉宇空崔嵬，滿地水晶塵不動。下土車馬聲如雷，巴西來矣鮮，手攀脚踏應無路。亦何自而來哉，豈是撥雲披霧天重開。九關虎豹吼喝自虺隤，須臾須臾毛骨化于灰。恍然輕舉入三台，寤時不覺來矣鮮，只覺前月半輪升山巘。

◎衡門

裊裊嵐光作翠淮，青青松葉覆蒼苔。鳥從白石橋邊度，花趁黃梅雨後開。麗句暫吟玄鶴舞，衡門欲閉故人來。夢中擬在磻溪上，修竹千竿一釣臺。

◎病後禁酒，午日默坐 二首

其一①

世已慚無補，詩如簡可呼。三年思舊艾，萬事泛新蒲。竹密溪塘静，身閑筆硯孤。惟將逍散意，銖兩博榮枯。

---

①道光本無此標題。

其二

青憐秧上雨，黃入隴頭枝。杜甫宮衣夢，陶潛止酒詩。水流松徑淺，鷗度泖湖遲。隱几無言意，長思南郭綦。

◎時事有感寄林明府一笑 二首

寥落幽居稱素心，百年麋鹿臥長林。石床藤屋堆千卷，蘿月松風抵萬金。自古救人須井上，看誰避暑仗蓬陰。綠綺雖在無弦久，空負鄰家借好音。

江上紅波雜素濤，可憐明府察秋毫。當機恍惚將投杼，迎刃從容始見刀。鐵笛三湘心未償，金書五岳興長豪。笑來翻遣堅前約，對雨挑燈誦木桃。

◎酬李鐵石

小時誤吞五色鳥，手拂青羅歸海島。赤繩裊嫋縛麒麟，金窖陸離堆碼碯。蟠桃鞭落九花虬，紅塵不動春風掃。龍翔鳳舞客卿狂，撐霆裂日尖奴剛。媧皇輟補崑崙石，斗間紫氣怨琳琅。摘卉搜春沉大雅，綺羅人語風斯下。東武鷗鷄何寥寥，亦有承間篋乏者。近日只彈無心弦，三峽流泉如棄瓦。孤園誰寄八師經，翻于櫑栭長螟蛉。寄去衡山風懶瓚，莫將螭豹雜豻貐。

◎答楊少臺

峽之水悠悠,我有美人兮灩澦洲。洲之石齒齒,我思美人亦如此。美人別後即天涯,塵寰一隔挂青霞。我欲剪霞爲爾佩,遥看玉珥夜生花。陸離燦爛中天起,化作蛟龍度燕水。忘機之子何寥寥,寒竽不吹今久矣。春風一夜飛尺書,琳璆滿目病將疏。何以報之虬松珠,洲前應得看蟾蜍。

◎憶昔行,哭苟麟洲僉憲

太峨之子前坡仙,抽黄對白筆如椽。聳壑昂霄剛十七,錦裹看花最少年。綠袍已挂新郎早,雲機更羡天孫巧。詣闕上書還浣花,乘龍仙子歸蓬島。銀漢橋頭孔雀嬌,鳳凰樓上筓筴小。佳人才子照春燈,素娥青桂①相看少。雙雙總轡扶桑巔,風流文采共翩翩。珠明玉潤原相媚,苑柳宫花色正妍。笑我迂遲幽并久,多君相知又相厚。青州屢賞白雲篇,每投桃李報瓊玖。四海風塵各西東,十年意氣還杯酒。子方持節武昌時,于時供帳都門柳。柏府人從天上來,鄂渚陡然洗塵垢。孰知湖邊一夜霜,畹蘭方瘁琴隨亡。猶憐伯道無兒日,元直老母正高堂。黄牛白馬波濤惡,蕙帷回首人蕭索。浮雲自古妒冰輪,花開莫遣常離籜。思爾空作憶昔行,西風木葉紛紛落。

◎七夕辭

伏羲一畫洪濛破,太和元氣相環磨。春到鶻鵃啄椹時,馴星每每催耕作。

---

① 桂:道光本誤作"娃"。

周道依微杼軸空，耕夫半挽征人弓。中原白日排鵝鸛，道上相逢問七雄。帝憫下土盡肝腦，滿目攮搶何處掃。欲得四海盡升平，惟有男耕女織好。河東美人事杼機，千幅萬幅雲霞衣。纖手龍梭歸碧落，月滿蟾蜍露未晞。河西牽牛耕銀浦，鋤犁朝夕天潢土。耕罷蓑衣挂扶桑，橫吹短笛撾河鼓。雙雙作苦亦可憐，羲和封奏帝之前。帝命東西諧伉儷，趁此秋清秋月圓。是時銀河不可步，眼前隔斷河之路。靈鵲報喜是生涯，役毛編作鴛鴦渡。年年無句敲長秋，相逢相別各夷猶。舉案只隨天地老，翻笑人間咏白頭。從此八埏盡耕織，誅求寂寂豐衣食。玉露金風送虎貓，朱綠玄黃忘帝力。偃旗韜刃海無波，天下不復用干戈。竹馬兒童齊拍手，歲歲春風擊壤歌。

◎ 問岑公 _{寄李明府}

峨嵋玉壘東復東，翠屏巀嶭橫青葱。上有江珍碎月刺蒼穹，烟華霧蕚輝朣朧。下有合窊潝濜繞鮫宮，直與天潢渤澥一氣通。洞中仙人名岑公，揖金拜木坐昏蒙。三十六鱗何者紅，有日騎飛訪渥洼。左驂滕六右驂虹，后驅列缺前豐隆，潢姑渚畔洗腸空。曾遣婉陵華，約我同歸山之中。今夕何夕鶴生齒，乘風載筆來問爾。初平一去白羊死，嬌皇五色化于水。王母蟠桃凍不開，六鰲折足空飛髓。岑公岑公，爾不歸兮將奈何，紅塵赤日隔烟蘿。黃牛波漩惡赤甲，楓楠多彈我青萍。侑爾歌，爾不歸兮將爾何。青蓮道士風流客，派出桃源自高格。回咳唾于鏗金，速珠璣于裂帛。求勾漏之丹沙，翻冠裳之逼迫。不須再訪已往之羽化，叫空山之蕭索。寰中我亦謫仙人，何時來子載詩一車，李子攜酒一石，鞭鸞撻鳳共登岑仙之舊宅。醉後却把驚人綺句問青天，長嘯一聲江月白。

◎吊仝思亭

已矣于今憶昔朝,揮毫搔首自飄蕭。春風同踏燕關雪,夜雨曾穿易水橋。三伏漸生原上草,百年回首夢中蕉。踟躕欲作哀時賦,落日層城起野燒。

◎贈別莊少岐

良會能有幾,行裝遽在茲。青山忙裹過,白日醉中馳。召伯修行後,胡威跪問時。河陽花豈約,彭澤柳如知。寶劍雙龍舞,長風一鶚①隨。躋攀從鳥度,徙倚看雲移。水溢劉郎浦,江深白帝祠。三都雄勝闊,七澤暮烟瀰。郭璞岷江賦,謫仙蜀道詞。問奇停棹久,懷古放船遲。海宇多萍梗,河梁此別離。嵩山不可見,明月問前期。

◎太白山堂成 四首

其一②

茅屋廠朱明,春風到杜蘅。松應尋竹友,酒或是詩兄。陟巘憑空遠,臨流獨濯清。犬③貓機事少,不論結鷗盟。

---

①鶚:道光本作"鶚"。
②道光本無此標題。
③犬:萬曆本作"大",據道光本改。

其二

月入囂囂榻，風清皞皞窩。（山下二堂，楊大理名其左者囂囂榻，右者爲皞皞窩。）鳥花成富貴，禮樂自邱軻。兀坐忘人象，論文或客過。枯桐如手滑，隨意足高歌。

其三

誰是人間樂，誰爲世上閑。閑非宮室好，樂是水山間。欲下全牛手，須先見豹斑。蝸廬與斗舍，到處可尋顏。

其四

松老蟠虬鐵，篁幽覆甕區。廣居無定宅，安樂即康衢。與我二三子，乘風南北隅。翛然多揖讓，白日見唐虞。

◎送李獅子岡

何年與爾同題雪，此夕挑燈更對床。玄鬢無言知歲月，青蚨有職管炎涼。水邊樓閣搖溢浦，天外帆檣跨呂梁。行矣風波須自重，北雲南樹各蒼蒼。

◎張北村卜居岑公用蘇子瞻《移居白鶴峰》韵奉贈

何人持斧斤，鑿此江皋麗。紫電排虛牖，流月山泉細。岑公煉丹砂，鶴駕曾此逝。我今千載後，誅茅聊一憩。慵鼓王門瑟，漫作任竿計。都歷連巫陽，宛若芙蓉砌。澄江斗熨平，蔥蒨映螺髻。俯仰天地間，萬物真委蛻。頃來稅塵銜，初服宜薜荔。緬想蘇子瞻，灰劫觀此世。結構白鶴峰，飄飄托雲際。金張高甲館,于今等醯蚋。

◎ 無才

　　古人不我追,今人不我隨。無才能出世,有酒可澆詩。月照垂江閣,花開向北枝。惟將花月味,飽嚼答清時。

◎ 羅浮高,贈郭夢菊

　　君不見,海水生塵化爲石,盤礴凌霄十萬尺。仙人石上有真居,正當碧落中分脊。却恨蓬萊道阻修,仙人兩地各夷猶。酒酣白日叫陽侯,手折扶桑鞭海虬。盡驅海丁如驅輈,海㱿波立蓬萊浮,一夜飛來相綢繆。兩山合後,羅浮之高更嶕嶢不可及兮,俯視三江五岳如浮漚。珠林掩映青霞樓,今雲古雪團丹丘。上有龍公之竹,掠星嚙斗風颼颼,九苞枝上鳴琅球。下有銀河之水鐵橋流,濺沫瀟湘七澤秋。仙人日向鐵橋游,坐見金烏浴海火輪浮。有時騎鶴止金烏,金烏不肯留,兩翅扇海朝吞夕吐相奔仇。我曾觀潮夢輕翠,脚踏雙虹臂六羽。朱明豁然廠八荒,群仙四坐成環堵。意中有仙似姓陶,珵纓璐佩翠雲袍。授我青鳥篆,餐我白鳳膏。歌我雲和詞,醉我瓊粨醪。約我三千年之後,同游四百三十二之靈鰲。紅翠一聲海月高,須臾轉盼止見青烟白霧相蕭騷。孰知群真更有杰,直與羅浮爭巀嶭。袖中半函烏玉玦,束以胡繩韜彩纈。偶向江頭灑青雪,九寰盡散琳璆屑。我忽見之五情熱,駕電蒲梢剛一瞥。王母蟠桃今幾開,鶴馭仍飛赤甲來。俄頃春還草木荄,榴花盡織雲錦堆。輕風有日送三台,玉爐金掌映鸞臺。左夔右稷兩駢陪,始知漁陽會稽之數子者已不足伍,區區葛洪、軒轅,矜黃門白之小兒,又何足道哉!我生好奇肆探討，地肺天孫心未了。盧敖不得游太清，紅塵去住傷懷抱。羅浮高，可仰兮不可即兮。捋鬚何日巢雲間，左弄奇石之烟霞，右拾花首之瑤草。羅浮高，奈之何，自拂青萍自放歌。

◎孫代巡賜扁，呂明府催謝，詩以答之

十載方將一戒成，滿園松菊戒時生。而今若爲霜威破，草木焉知不笑人。

◎野望 二首

其一①

野望峰巒闊，吟成屐足遲。孤僧奔乍雨，群鳥度幽池。欲往隨枯杖，從來不皺眉。自看多自得，不是苦敲詩。

其二

遠屋依岡阜，沿溪長杜蘅。前峰披霧出，社鼓隔村鳴。久矣成殘朽，無緣答聖明。自知還自愧，不是厭逢迎。

---

①道光本無此標題。

◎贈徐我山

一官萬叠劍門關，又向瞿唐灩澦還。豈爲功名能適意，只緣甘旨暫開顏。扁舟東下秋應杪，宦轍西來鬢未斑。不識南州今幾葉，清風我亦愧追攀。

◎煮菜

短摘緣多客，鮮烹爲解醒。不忘松火急，仍以瓦盆盛。慷慨輸投筆，年華去請纓。惟看川上水，日夜赴滄瀛。

◎前峰歌

壽高前峰。高諱友，曾任枝江，辭祿，枝人至今誦其清節。時壽八十有六。

玉壘山高高入天，阿耨驅車不敢先。萬壑寒流飛琥珀，一峰矶碖山之前。峰前草堂大于斗，山人住此亦已久。白雲無心任往來，有時逐雲到溪口。翛翛四壁挂藤蘿，蒼苔鹿迹偶經過。手把珊瑚長自笑，笑爾天地如予何。小時挂冠不受禄，秋水蒹葭對苜蓿。湖邊清節重于山，桃李霏霏共湘竹。當年磊磊何太奇，玉珥回看尚陸離。而今一笑成陳迹，誰信青山有紫芝。紫芝紫芝亦神物，不似人間烟火粟。山人餌之今幾年，頃①令紅顏生綠玉。十洲我亦長生仙，謫入人間四十年。常向峰前弄烟水，兩人相對山花然。我有一杯長生酒，欲往贈君恐君有。仙人自古心情淡，不似人間報瓊玖。因風吹送前峰辭，一曲高歌萬物卑。宇宙此峰如不老，願君與之齊壽考。

---

①頃：疑是"頓"字之誤。

◎觀棋

逐馬驅車着着爭,滿腔心事不寬平。將輸偶或贏殘局,得勝猶妨伏暗兵。兩路風雲齊入會,一時喜怒各殊情。眼前戰鬥真兒戲,惟有樵夫看得清。

◎秋

日月成何事,江山信已秋。住來依塞馬,用舍見韓牛。地僻人應少,詩清宅更幽。水禽如有意,時過蓼花洲。

◎壽李順庵 二首

其一①

綺席芹池廠,清秋夜氣凉。百年頭尚黑,九月菊初黃。壽以青氈永,名因紫電彰。霞觴成一笑,衿帶滿宮墻。

其二

地遠心常邇,時違禮尚存。因詩思斗酒,慕道憶龍門。人隔梅花塢,名傳杜若村。何當操几杖,燈下話沙尊。

---

①道光本無此標題。

◎ 對酒 四首

其一①

對酒眠芳草，將詩惜白駒。桐花開次第，松子落斯須。賈誼終歸速，馮唐不是迂。寧彈流水調，莫浪學吳歈。

其二

地幽春水净，花發夕陽遲。三畝盧仝宅，千篇謝朓詩。群鴉歸碧樹，獨鶴下青池。無限江湖事，留連到幾時。

其三

屏迹詩成癖，尋虛學近禪。曲溪蟠瘦石，白屋廠朱弦。宣甫思浮海，韓琦欲捧天。天高兼海闊，何地可投玄。

其四

漉酒陶元亮，披蓑張志和。古心惟止此，今日欲如何。黃鳥啼青嶂，巴人帶楚歌。人心知鳥意，興到不須多。

◎ 鄰翁

九十光陰百歲期，紅顏猶勝少年時。誰言白髮多公道，看起而今也有私。

---

① 道光本無此標題。

◎浩歌

　　世人往往慕神仙，休妻絕粒住山巔。金石無辜長煮煉，剛于九轉竟茫然。某也拔宅某騎鶴，某也黃金點瓦礫。好生惡死人之情，頓令婦姑紛六鑿。更言方外有蓬壺，鐵鞋踏破鬢雙枯。本欲長生得道散，翻令奔馳不得蘇。天地有生必有死，不生不死乖常理。不死之人誰見之，不信眼中空信耳。浪說籛鏗八百多，還同世上夢南柯。八百之前更可羨，八百之後復如何。塵世清閑人最少，盡因富貴生繚繞。不求富貴即求仙，依然白髮成秋草。我不求名不慕仙，一聲浩浩百花妍。清風吹我後，明月照我前。想應天上仙人樂，不過逍遙聽自然。浩歌復浩歌，歌罷抱琴眠。一枕華胥夢，還到孔顏邊，朝聞夕死有何嫌。君不見，祖龍持璧終不悟，海舶浮天競欲渡。蓬萊仙子安在哉，黃沙白水迷歸路。

◎呂南湖令長自下車來，僕以多病尚缺展拜。雪中偶惠嘉儀，且欲見枉，詩以酬之

　　歲晚松篁化素仙，清清長日枕琴眠。偶然使者來三徑，正似瑤花下九天。欲戰恐輸蘇軾鐵，有情先放剡溪船。相逢未許知何日，對酒還歌白雪篇。

◎雪中留別東峰山人

　　敲冰煮雪對東峰，暖筆圍爐興亦濃。負郭應無田二頃，登山肯惜路千重。眼前暝樹迷征客，澗外長松挂素龍。一刻令人成繾綣，百壺何地更從容。

◎白崖道中

木落江寒曉日遲，蒹葭楊柳各離披。誰從野店來沽酒，我欲長安去賣詩。遠水抱村連若斷，危橋欹石險還夷。翠微何處一聲笛，驚起鵾鶊過別枝。

◎讀書

青青一徑柏，得雨發華滋。抽條過墻東，旭日蔭紛披。秋深雨漸久，枝幹生蝌蚪。豈無澆灌力，好處翻成醜。歐冶問鴉九，此意竟何如。鴉九竟不言，相對各踟躕。

◎學忙 三首

其一①

到處相逢即學忙，忙人憐我授忙方。如何一調無弦曲，又落從容自得鄉。

其二

不我忙時我覺痴，覺痴是我學忙時。忙人見我空相笑，無奈春風海月知。

其三

幾度將忙學不成，一聲鳥喚百花明。而今老大難鞭策，惟信周行自在行。

---

①道光本無此標題。

◎秋風

爲懶茶經熟，因閑①瑟譜工。時清容蹇拙，道在任窮通。殘葉迎霜赤，寒花得節紅。人生花葉共，風至自西東。

◎有吟

有書富市肆，有琴斷槁②梧。有竹饒萬竿，有松近千株。有山名太白，有屋似屠穌。有月照前溪，有花種南隅。有足不入城，有手常操觚。有學陋丹砂，有言闢苾蒭。有詩隨興題，有酒任客呼。有夢入羲皇，有志成丈夫。誰人憐我無，勸我走紅途。

◎無吟

無父舞斑衣，無母供春酒。無田可負郭，無錢足貫朽。無貌驚王商，無舌談空有。無友相規勸，無師責好醜。無翅追鴛鴻，無藥駐蒲柳。無琴抱侯門，無裾獻瓊玖。無營長打眠，無才縛赤手。無恨樂升平，無愁到白首。誰人誇我有，勸我紅途走。

---

①閑：萬曆本作"間"，據道光本改。
②槁：萬曆本、道光本作"稿"，據文意改。

◎周松臺下第

送子逾巴嶺，挑燈欲斷腸。酒澆今夜雪，貂破隔年霜。擊唾心長赤，加餐鬢未蒼。花開無早晚，日至即商量。

◎拙軒 爲王少參乃尊題

杜甫思深筆如掃，歲拾橡栗常不飽。天寒霧重把長鑱，白馬黃牛身已老。李賀少年即特獨，二十七歲人間哭。鰲擲鯨呿字字奇，天東不嚼燭龍肉。怪爾柳柳州，乞巧亦何由。晚到愚溪上，抱璞自遨游。君不見，春蠶運巧心獨苦，終爲人間供織組。海鷗無事自忘機，朝朝暮暮共人飛。嗚呼！拙之時義亦大矣，臨軒作歌花撲几。

◎述悟賦

來子居太白山有年矣，長惡此山與先達同名也。一日趺坐其巔，恍然偶悟作聖之學，因述悟之所由，即以易茲山之名焉，作述悟賦。

嗟生民之蠢蠢兮，統嫣婷于乾幕。紛斷髿于迴游兮，靈萬物而綽約。駁猶蒳而繽處兮，鮮妤傷而絡絡。時登巢而啄蠹兮，與禽獸其相若。苟萬古其如斯兮，亦惜惜而噩噩。盎太和于醇醨兮，疇長驅而短斫。豈知花蒂之索敷兮，羌有生而必擢。迄五龍之比翼兮，挈太真而塀披。人方出而御世兮，鳳亦出而鳴時。物理窮則必變兮，事久安而必疵。木方朽而孥耳兮，潛久埭而生龞。駴揖遯之奇俟兮，忽虓虓而蒲虁。偶宗廟之生黍兮，欸嬽裂之生髭。違乾坤而作訟

兮，化坎離而成睽。鯨鯢游於巀岩兮，雷電震於淵渚。上塝而下黷兮，霧三精而颭颭。天既降災於阡陌兮，豈不殃及於六籍。或身渺而臂韘兮，或强幹而弱枝。或火匿而金曜兮，駔或因之而易犧。雁翾翾而南向兮，水濚濚而東下。蟬寂寂而無聲兮，木飀飀而飄瓦。天晃晃以漸高兮，暑悠悠而西瀉。海块块而生塵兮，山沄沄而錦問。哀六鑿之瀉散兮，冒真淳而眤假。鬱櫨衮之木偶兮，亦如聾而如啞。苟衡輕而纊微兮，慗顏冉其上苴。倏緇銖其彭撇兮，即屯蟻而奔馬。咄羲皇之邈遠兮，長永靖而遑遑。欽五臣之遜虞兮，賡歌颺理於一堂。開群蒙于精一兮，降帝道於羹墻。如日月之中天兮，至鄒魯而煌煌。誰臭味于風雲兮，應千載而鏗鏘。豈斯文之欲殘兮，乃河清鳴杜之茫茫。志士當此日兮，如臨河而無航。翠濤玉薤之精兮，反覃味之澂痛。賫鬱蕊之遇剞劂兮，生意愈工而愈拙。豈珠翠之搖曳兮，卷鬢因之而不緒。彼捪揑夫苗之穟兮，泂穛粹之珍^①絜。趡饔齊靡靡以進兮，何嗟乎大雅之馨。

消紛欲迴江之淘淑兮，弗尋崛峽溺坎之所繇。恐枝條相次以茂兮，愈布濩而薑薉。況灑涇而瀰渭兮，決河漢之堤瞭。越礉邁以放波兮，如浮萍之澓偄。謇余鼻于乘厓後照兮，鍾玉壘之巋寶。乃生于旟蒙兮，月淵獻而方授。樹鶴集于庭兮，亦如鷺而如鶯。欲長鳴于太空兮，又如去而且就。越庚寅吾以降兮，會日月之龍。乃聽赤鳳來之曲兮，聲金玉而如扣。奈懯質之顛顡兮，負泰素之洪覆。恐修名之不立兮，掐六籍而潰漚。眒燭龍之謝電兮，望海岳而趣鬥。攣胡繩以爲堂兮，抑揭車而爲面。捏菌桂以爲棟兮，關留夷而爲雷。芳椒兮丹堊，宿莽兮結構。攎煌煌之槃幌兮蒳燈，鏧冽冽之灡渫兮蘭甃。乃製芙蓉之冠裳兮，又纏之以江蘺。恐馥烈之未襞積兮，搗蕙繭而申之。思美人之遲暮兮，日與月而斥馳。冀螢閔之微焆兮，增兩曜之洪昫。望騫修之慹慹兮，解瑝佩而陳素。裂齊紈成合歡兮，皎明月而爲婢，叠秋節之焜黃兮，將酢醭而留連。歡懷春之窈斜兮，嘆摽梅而成婆。顧弱草之媒妮兮，應跰蹢于巇礀。知象虎而執試兮，長汀瀅而酸憱。何天地之無窮兮，多遭遇之齟齬。邁大人之末疾兮，時與心而相阻。蹲叔鷖之常欸兮，作驢鳴而騰嬉。彼次翁之行傭兮，且正轅而執綏。遇九折而迴車兮，慾蹈賊而塞危。彼古人之賢達兮，乃垂青而勒紫。我今不及古

---

①珍：萬曆本作"殄"，據道光本改。

人兮，欲踉蹡而何已。彼騰黃之超逸兮，邁絕足於纖離。受赭白之渥錫兮，遭紅陽之已知。處濯龍之華奧兮，委紅粟之訑訑。余款段之無良兮，其遷迦也允宜。感鷖鶴之昭鳴兮，眘䝤天門而繚繞。市日域以翻隓兮，飲瑤池而皎皎。入魏軒而嬉栖兮，出夥園而高矯。余翳薈以栖息兮，其如短羽之微眇。想豫章之委委而俊儻兮，枝條芩梻而蒼蒼。臨縣崚之標巔兮，渥九秋之嚴霜。

　　償冬官之掄抱兮，走宗匠之傍徨。高蘭宮之紫柱兮，壯秘宇之文梁。余樛妖而婢妣兮，宜樞丫於衡垣。嗜小星之衾裯兮，胡必爲圓而刓方。強欲資啄虺以嚣翎兮，弌留連於昏曉。匪塵路之儝儤兮，乃蹟踤而自撓。酌剛柔之吐納①兮，識行藏之饑飽。敢曰牛鼎之烹雞兮，恣汁潦以自考。第②藐然于乾坤兮，敢委骨于腐草。如鳥視而禽息兮，終飲窨而枯槁。慕玄訓于往③喆兮，惡洿淺而下流。思去住而偽忔兮，安得駕邁乎前修。心霖憤而反悗兮，叛葦茅以捆謀。慎竈欻然而瞥曰，嫽哉，永婑吉而無尤。生當㓕雄名于薄海兮，殞必收玄藻于瀛洲。恐家食之匪裂兮，利飛敷而遠游。蓋聞蟬蛻于嚻埃之外兮，觚冥鳳而相儔。應龍不吞腥腐兮，掠太清而蚰螲。如二物之喙穢兮，亦蟥蠐而蚸蚌。苟跁跊于堘垟兮，烈羲娥之漸遒。胡不耽靜寂於幽藹兮，坐葊扎而悠悠。澄靈神於衝虛兮，緯與世而無求。庶斯奉信而不違兮，歸母氏而始酬。等太素而還無懷兮，坐風雅之瓊輈。乃採元辰而戒憎裝兮，約親串之隱鵾。抣青萍而陸離兮，飛冰霜於結綠。尋錦屏而相羊兮，跌褒糾之糾谷。趨咸京而懷古兮，知昆明之劫灰。過豐沛而夐㟍崵兮，猶餘歌風之臺。乃聽鷄鳴於日觀兮，俯回雁之嶬崿。窺祖徠之葱蒨兮，矅丈人於碧落。欣七十二君之封篆兮，空湮渤而如削。懷漢武之雄略兮，亦效秦之饞嚼。況唐宋之紛紛兮，胡不築臺而舞鶴。憶孫胡之攻苦兮，逢𧜟圾而投書。乃十年而不反兮，甘齡蔌而茹蔬。彼古人之憯勝兮，踈華而趍廬。挂雙璧於東柱兮，辭芳聲於瓊琚。何我今之薓趨兮，如餂驕而餘驢。蓋繮牽之累千里兮，翻駘駘之不如。須抗志以烊烊兮，敢徬徨乎居諸。長慷慨而發嘆兮，輾轉中夜之籧篨。紛吾既遠栗里兮，何南北之儵忽。

---

① 納：道光本誤作"約"。
② 第：萬曆本作"弟"，據道光本改。
③ 往：萬曆本作"住"，據道光本改。

乃揚鯖而越洞庭兮，望祝融而馳突。覷紫蓋之瑤華兮，舞雙鶴之迴翔。趨石囷之碨磊兮，對石室之青蒼。儼芙蓉之縹緲兮，忽練帶之飛揚。彼岣嶁之禹碑兮，空字青而石赤。當時已驚鳳之飄泊兮，豈萬年琅琅而剽劂。胡今日之墨本兮，傳蛇蚓之嬌嫿。恐神物之珍隱兮，有鬼持而神掬。睹河洛而思禹兮，讀《禹貢》而自繹。懼蒼水之玉簡兮，終茫昧而荒僻。彼朱張之同志兮，乃酬唱於嶺嶅。承學之在今日兮，如奏揍揍之五譈。安得神交而夢晤兮，講道脉之迷舲。乃跴祝融而趺①坐兮，睹海天之奇異。回風塵而一望兮，覺名桁而利枒。思鳥舉而龍騰兮，狨千里而如電。乃約安期浮伯之雙乳兮，縱九坑而相娛。復泛湘江而穿巫峽兮，反釜山之蝸廬。更不值同志之士兮，空嗟行於長途。乃日夕尋孔顏之樂兮，長努力而加飯。或乍晴而乍雨兮，或入還而出奔。偶雙親之見背兮，抱終身之衣恨。遂斃酒而剝腥兮，辭室家而倚廬。哀親之不得見兮，不覺歲月之長徂。忽六年如一日兮，恍如已終而復穌。乃至甲戌之暮春兮，草木總翠散金而榮薿。偶登太白之巔兮，相留連而踟躕。覺此絳宮之有悟兮，埵堨漓久而融疏。如飛廉之逐霎霧兮，華景昂昂而升棓。又如飛霓之雗雗兮，取一屑於耿爐。始知學聖人者，如百川之觀海。空見其澒濘潨潏兮，汪洋而濯濯。止羨其太顛之貝，隋侯之珠，玻玻而琲琲。况科舉之累人兮，皆欲富貴之縈罩。信乎入聖有坦坦之周道兮，人自恃其伎倆而慣行也。故曰"道之不明②也，我知之矣"。

---

①趺：萬曆本作"跂"，據道光本改。
②明：萬曆本作"可"，據道光本改。

卷三

游峨眉稿

◎ 游峨眉賦

　　春到草堂，陽回瓦屋。玉壘之積雪方消，灧澦之孤根漸没。客有紉五芝之秀，纕九畹之英；傲墳索之遂圃，趺往獻之清芬；識風雲之變態，咏雅頌之徽音；眭蓬壺之岑𡺔，嫪日月之飆奔。乃抈枯桐，戒力從，遂奮袂於蟠龍，更馳突於鐵鳳。寧扁舟而逆水兮，歷忠涪而平都。恁宣公之忠懇兮，靈邱空嶕嶢而榛蕪。入鈎深而仰止兮，卓承學之形①模。羌妖廟之誘民兮，走九坑之芃狐。跐塗山之嶕峭兮，貽賈辨於斯須。涉几水之泂泊兮，驚清夜之將徂。望寶峰之巃嵷兮，哀履霜之伯奇。彼先童之克勵兮，終劉仙之可疑。乃弭節於叙犍兮，盼越巂之葱蒨。閣鎖鐵於青虯兮，江澄金於素練。紛吾既離鄉土兮，登凌雲而相羊。覽長公之遺墨兮，哀金奴之可傷。望眉麓而奔涉兮，睒娭黛之葱蒼。躋瓊樓之真境兮，跨虹橋之解脱。俯玉女之雙峰兮，呼歸雲而入閣。古洞窐窐而爛柯，龍髯灪灪而流沫。剛風颷颷而吹衣，礷石碕碕而斷履。噴避世之楚狂兮，甘

---

①形：萬曆本作"刑"，據道光本改。

捽茹於落莫。豈知鳳德之未衰兮，斯道萬年而振鐸。憩大峨之卧石兮，斟玉液而小酌。披古字之苔蘚兮，蟠蛇蚓於雲壑。及臸三望，更歷雙飛。奔雪濤而礋錯兮，挂銀冰於十圍。擎滉瓣①於巉峭兮，忒與塵世而相違。倞思遁之虛牝兮，啓憮崋之重扉。智欲圓而行方兮，吾非斯人而誰歸。乃尋天柱，深□②翠微。䕺鸗蘈蘈而失路兮，瞢樵徑之斜暉。臨雲表之圇赏兮，因泫瀴灦而欷歔。尋九老以澶漫兮，不火食而長嬰。搪康㝎以永年兮，齰石芝而自肥。約秋深以獨徃兮，共趺跏而忘機。我饑調矣，我僕痛矣，乃眹八音於陂池兮，揪萬松於岗嶵。

大雲小雲，黑水白水，礶碕磳礶，㘆礮碩砓。碨碌碌磙，砽磳硨碷，磔磔硼磽，砼回礧嵓，衒瘤戴瘦，篆蝸蛟蛟。既胡孫之有梯兮，豈蚰蜒之能止。为穴龕殷殷之雷，覩石䫂䎞䎞之咒。忌響吴於傖但兮，雳越嶔嵌之梅子。唸天上之重來兮，洶礘邁③之錯喜。八十四盤，袖湩雲蕌，更有雙路，沿彼蹯䟺。捫豐草而摘上，指雪嶂而陦高。入獨狙之乑穴，蹈鷝鴳之阽巢。窒雰霏而起霧，樹布濩而垂條。崖未傾而似墮，石已裂而猶交。流雲曇霸而成水，枯杉欻斂而如魁。骨驚心悸，意奪神逃。俯仰顥覭，去住虻雒。爾其鷄園，插碧，鷙館棩霄。飛檐啄雉，叠桷盤蛟。或支蝸石，或就䵷橋。或依猱穴，或枕螭坳。憑太清以飛構，越埃壒以騰稍。莫不凝魂幽礒，委骨荒椒。窮年累歲，茹草吞蕭。快蒲根之漸老，瞖松子之方凋。嚦耆域之榮樹，謢佛調之眠彪。革囊來天女之試，紅芙縱烈火之燒。海水可竭，須彌可摇。大半秦人而越客，間有投冠而棄貂。乃度天門之閌閬兮，登光相之削硌。撫桫欏而四望兮，信蜀道之登天。向沉瀘以縱觀兮，識坤靈之磅礴。指點巴字之縈紆，遥對大荒之寥廓。崏峨晒經，巫陽劍閣，三江五溪，周回聯絡。衆水夌其蹄涔，諸山覡其拷撮。或虎變而龍馴，或暉麟而夀鸞。或犹攊偃寒而虌蹯，或駧猰髶髶以虓攉。或蜾蠃而螞蠋，或螣蟓而螯蠡。或灌叢而茂悅，或宿莽而沃若。或怪兮三足六眸，或奇兮九頭一角。或連兮淵客榜人之歌，淮南風波相隨；或斷兮鮑瓜牽牛之處，河漢東西相却。或覆兮孤臣逐客，匑匑譏讒，悁悁之有懷；或舒兮酒侶詩儔，嘲弄風月臀臀之長嚎。

①辨：道光本作"辦"。
②□：道光本作"遽"。
③邁：道光本作"萬"。

壯兮力士之干戈，烈兮忠臣之謇諤。高兮千年萬世，挺秀於魯丘①鄒軻之間；卑兮朝再暮三，投足於秦關燕市之末。同兮依形附勢而奔趨，异兮樹黨立朋而相割。南威青琴兮煥其美，寧成雚麋兮呈其惡。狀別形殊，斜縈椴駁。本物態之變幻，類人事之紛錯。亦令人喜，亦令人愕。乃拂吟袖於高寒，振塵衣於碧落。浩浩乎不知所乘兮，登閶風而緤馬；翩翩乎隨其所適兮，濟神水而駕鶴。乃若連氛累靄，撐日韜霞，崩雲屑雨，或近或賒。潋淡瀲灧，吼霓揚沙。四塞籠烟，似公超之有述；單衣索縷，嘆遷客之無家。及爾長風擁篲，盡掃浮陰，雲驅萬壑，日入千林。爾其白毫挺出，恍若玉珧之蟠空；疏霧平鋪，宛如野馬之撲面。俄而蟄蝀亘於崖牙，鳥語鳴其佛現。豈大士之弄丸兮，以有爲爲露電。或礦質之鬱英兮，乘晉輝而流絢。方施鞭而吐火兮，成纕就而規練。乃若斗杓既仄，啓明尚杳，午夜風微，寒霜寂寥。少焉暝色瞳曨，燐光縹緲。始而散出幽邃，繼而遥分雲表。依崖乍吐，若藜②杖之生花；過嶂愈明，如星珠之泛島。一往一來，或巨或小，熠耀宵流，火泉夜曉。將落霞而齊飛，值雄飆而更燎。好事者謂之聖燈，窮理者莫之探討。意者山魈木魅，蜃樓海市之類，經之所謂見怪物則祀之者也。因勝概之偶來，念此日之難得。水將將以浩瀁，山蠱蠱而峨嵲。足踟躕而九回，心惆悵而百折③。

　　瞻上林而盼望兮，驚題柱之奇才。對春樹以遥思兮，傷騎鯨之可哀。嗟知己之幾④何，慨遭逢之不偶。每景短而思長，或輪平而路陡。使桓譚之鑒別少差兮，文章幾於覆瓿；彼李定之妻菲既售兮，甲兵起於臂肘。以夫子之忠懇兮，宜鼎司而台斗。何此理之不然兮，竟東擯而西走。故是非蓋棺而後定，毀譽何世而不有。遠眺長思，感今追古，孰嫣孰婥，孰賓孰主。孰懷瑜兮孰握瑕，孰飫甘兮孰攻苦。彼鷦鷯之較鵬鶚兮，固殊形骸；而蟪蛄之與蜉蝣兮，同歸塵土。是以至人攬金鏡，達士坐兜玄。修身兮其擩在我，鎔鑄兮其默在天。默我窮兮則蠖屈，默我達兮則鳳騫。或可以肆我之志兮，羌賣卜以何嫌。如俯仰之無愧

---

①丘：道光本此處爲墨釘。
②藜：道光本作"黎"。
③折：萬曆本作"拆"，據道光本改。
④幾：萬曆本作"機"，據道光本改。

兮，筴翁亦至今而猶傳。苟栖不擇木，翔非日邊①，投彼琳鏐，負此龍淵。雖有賢臣之頌兮，亦明月無因而至前。故寧陳情而泯泯，看霜市以嫣嫣。緊此夕其何夕兮，余何爲而山嶦。俯仰古今於一望兮，眇天地之何小。何芝蕙之不焚，何松柏之不草。嗟買鉊之長鳴兮，欻西昏而東曉。方見紫而成綠，亦視丹而爲皛。信陵谷之盤渦，終舜英之難保。登九疑兮隔洞庭，望滄海兮迷蓬島。既達觀於真宰兮，胡脫迹之不早。曷不齊萬物於一致兮，委彭殤於壽夭。歌在陸以弗告兮，與茲山而并老。招浮伯以容與兮，巢雲窩於雲表。擁香國之崇蘭兮，樹空谷以自好。搴薜荔以自娛兮，時濯纓乎幽沼。雲無心兮洞門，鳥長鳴兮木杪。已矣乎！吾將反觀乎太初兮，求自得以爲寶。奚囁嚅趑趄乎浮名兮，坐令朱顏白足雕劖紅塵道。

◎平都仙境

鳥道前朝樹，珠宮背郭山。蒼虯騎霧帶，青鵲啄雲鬟。窈窕仙應逝，招呼鶴可還。孤舟千里遠，長劍五游斑。春倒誰人甕，鷗忘急瀨潺。一琴隨月住，半榻借僧閑。醉後題殘句，鐘聲起暝灣。

◎江邊却周東郊計部送游山資短述

江之水悠悠，游人之心扁舟。舟之帆渺渺，游人之心三島。一帆②蠢蠢日未暮，黃芽丹鼎知何處。遠心惟許白雲知，素琴時或韜芳杜。美人江邊贈木難，

---

①道光本缺。
②帆：萬曆本作"凡"，據道光本改。

别鹤一操生高寒。谈①玄浮白倾意气，孤鹜夜啄金琅玕。江南采樵江北钓，两下生涯不同调。白水青山各适情，偶然相对还相笑。已知骏骨老无名，犹耻邯郸路上行。养鸡牧豕非吾事，商饥惠饱何足评。

◎寄黎少朴

十年一调沧浪曲，别后何曾寄所思。行到涪陵弹不得，扁舟直载到峨眉。

◎大渠隐窝 为夏少素题

若有渠兮兰皋，纡潋滟兮江腰。走霜硎兮直下，若奔逸兮蒲梢。横折兮盘旋，跨江心兮虹桥。崱崃巃嵸兮连蜷，巫阳中流兮孤标。集鸟鹥兮喈濉，列长阵兮沉寥。渔舟成村兮蒹葭，长歌欸乃兮短桡。彼美人兮少太素，织秋浦兮云绡。唤虹霓兮东壁，飞青玉兮紫毫。搴芙蓉以为冠兮，缉杜若以为貂。纕澧芷以为旌兮，撷江蓠以为袍。驭流星兮霄汉，骖玉虬兮超遥。回看鸦九兮生鳞，长逢异二兮鸣号。而何有此兮夷犹，反初服兮明朝。渠有圃兮黄华，渠有屋兮重茅。观渠澜兮春夕，弄渠月兮秋高。我吟我渠兮散发，我饮我渠兮山肴。觉今兮我是，追昔兮我劳。謇予来兮岁云莫，乘夜雪兮轻舠。拂袖兮何人，何人兮尘嚣。登堂兮薜荔，把袂兮松醪。安得招吾党之供奉兮山中，乘黄鹄兮飘飘。三人同歌兮桂树，割彩霞之片片兮金刀。欲来不来兮怅望，积长思兮郁陶。

---

①谈：道光本误作"淡"。

◎寄曾元川

驟雨飛青嶂，驚風吼赤螭。雲迷巴子國，花落穆清祠。對面看溪漲，前途問楫師。市情歡滯客，天意欲催詩。有美蘭堂契，雄才藝苑知。東山留謝穩，北斗仰韓奇。附驥慚先達，登龍已後時。烟霞鷗夢早，湖海雁書遲。身世虛舟過，韶光野馬隨。十年嗟一別，長劍起孤思。先氏崖何在，劉仙洞可追。丹砂期熟鼎，玄鬢漸成絲。駐景應無藥，流杯喜有池。吟餘迷處所，荻畔叩鸕鷀。

◎贈童節婦

十八嫁梁鴻，珠落承雙玉。未及十年餘，先折連理木。嗟哉女君子，迥然鳳皇族。金石冷愈堅，冰霜秋更肅。封章自九天，清節傳三蜀。翻笑桃李華，嫣然媚人目。一夜風雨深，東西相追逐。人生天地間，來往成飛轂。惟留節與義，千載光帛竹。我姊亦孀居，宛若風中燭。爲爾歌柏舟，因之傷黃鵠。

◎巫峽行送周紅岡

我持一杯酒，送爾下巫峽。巫峽峰高一綫天，不獨白鹽爭赤甲。虎鬚之水鳥道來，江高峽急迅於雷。游子歸心將別棹，春風吹轉還復回。送爾行，爾知否？象馬三足高驤首，頭角薛文嚙蝌蚪。秋清怪作蛟螭吼，處處艅艎避戈起。止因砥①柱狂瀾走，米公長與爲心友。騷人詞賦饒車斗，其間墨迹誰不朽。西有白帝刺雲霞，殘墻墮壁生土花。千尋鐵鎖鏾兼葭，蛇虺蟠結護崖牙。卧龍不是

---

①砥：萬曆本作"底"，據道光本改。

池中物，躍馬翻成井底蛙。此日何日同書車，昔時龍馬化泥沙。草堂之子空咄嗟，鼓鼙刁斗壓哀笳。文章不得當胡麻，秦川歸去已無家。寒蟲空叫夕陽斜，爾去一望思無涯。送爾①行，説與爾。酒闌起舞開肝髓，蓋世英雄原無許。江有鯨鯢山有兕，天地許生還許死。生死如朝雲，窮達如暮雨。朝朝暮暮成古今，都入陽臺一夢裏。夢中誰放夢中慎，將慎誇口痴人前。送爾行，爾淚何潸然？天生爾才不爾用，匣中三尺空流涎。負郭知無田，買山應無錢。仰天白日叫九疑，九疑又重玄。我有舊雲巢，巢在十二巫陽之標巔，于今一別一千年。吾友安期與偓佺，幾入輪迴亦可憐。止遺我舊杖，長挂在雲烟。此杖能作人語，説世間之浩劫，能化人龍，穿雲逐霧，上下二儀遍九天。爾可騎去闢天門，會群仙。仙中如遇東方朔，道及瞿唐子，今又下人間。游峨眉，兀坐八十四盤之崖檐，臨別送我巫峽之雄篇。

◎登大峨石隱窩，題贈高鼎崖 用韻

大石何峨峨，青葱飛歷落。虬②枝净塵氛，鳥道呈輝萼。谷響應僧呼，溪雲隨客屬。神水九曲流，入石相迴薄。噴沫秋林深，饞蛟吞海若。下③有仙人字，蛇蚓蟠雲鶴。一舉到層霄，不爲塵沙縛。往者季輔公，結屋臨崖崿。斛水净煩襟，朝夕相斟酌。偶爾賦明光，通籍紫微閣。直道世難容，方枘忌圓鑿。倏忽貝錦生，秋蠅相糾錯。孰知高有子，有子還聳壑。挺然叫帝閽，上書起神鑰。九重開網羅，一雨洗寥郭。本將明此心，非爲戀人爵。回視前靈君，寂然原不怍。譬彼秋月清，蟾光本昭爍。偶被浮雲妒，冰輪猶如昨。卓哉高生奇，奮志卑伸蠖。我來游峨眉，把霧搜霜鏌。一見豁我懷，對僧書婥約。誰將漢緹縈，青史輕筆削。

---

① 爾：萬曆本作"與"，據道光本改。
② 虬：道光本誤作"蚪"。
③ 下：道光本誤作"不"。

◎不如齋 爲蘇龍溪題。有序

　　蘇以坡仙爲遠祖，壁間有薄薄酒墨迹。愚意長公"薄薄酒勝茶湯"亦自寬之言也，故因不如齋而發之。

　　薄薄酒，不如旨。粗粗布，不如綺。醜妻惡妾不如美。也知三事不如人，有命存焉將何以。君不見，梧桐標薄長高岡，不如豫章松柏成棟梁。一朝收入舜絲譜，八音九奏相鏗鏘。又不見，菊英冷落生秋夕，不如午日牡丹饒倩麗。柴桑種後發奇葩，千古名花爭隱逸。世間花木且不齊，何況飲食衣服與夫妻。南陽草廬今即古，洛中安樂追東魯。二公猶似在人間，酒微醺後歌梁甫。金張樓閣侵雲霄，風吹雨打無人補。朱顔浪說滴紅冰，王孫芳草翻淒楚。鼷鼠臨河長自誇，羊腔不必爭龍脯。古來賢達者，未必同頭顱。誰將南山榮，博我北山枯。嫣然一笑看蒲葉，欲向尊前擊唾壺。

◎凌雲寺

　　崑崙拾得盧敖杖，烟霞長就龍髯樣。白足隨之走青嶂，步電追風生曠放。俄而一柱過江濆，捫蘿躋石已凌雲。絳節青幢饒紫氛，步虛天路覺平分。欹崖曲磴開花島，眼角峨眉生縹渺。回視孤巒九點青，雪濤宛轉波聲小。是時詩思逐波來，乘虛還上爾雅臺。坡仙遺墨猶如昨，墨池何事生青苔。苦竹叢深半枯樹，云是昔人玩易處。玩易之人久不來，洞口殘雲白朝暮。鳥語頻呼浮玉前，趺然一坐聽留連。似①傳閶闔群真信，秋深共約扶桑巓。莫讀金奴事，讀之驟下崩城泪。莫見仲常碑，見之瓦甓亦生悲。人生礨石投大澤，百歲光陰何逼窄。一朝鐵石振綱常，世間莫謂無黃黑。不似浮屠到處空，鑿霧穿雲成窟宅。回首微風起碧寥，杖挑麗句下虹橋。一時過眼成陳迹，止見舟

---

①似：道光本誤作"以"。

中月一瓢。

◎無痕吟 六首

欲弄峨眉月，先登解脱坡。何人未解脱，足迹長經過。偶逢牧①羊子，鞭羊走層峨。層峨綠玉杖，求我解脱歌。一歌成一笑，再歌欲如何。

黃鶴久不至，异人招不來。緬想千載師，鳳德不曾衰。斯道日中天，長夜良可哀。流水赴大壑，一去不復回。坐久抱孤想，三嘆石崔嵬。

白龍吐銀冰，黑龍噴鐵汁。黑白爭雌雄，波濤騰千尺。王詡駕孤舟，飄飄臨空碧。孫仙約我游，銀漢橋頭立。不見弄舟人，只見舟成石。

雲從脚下起，鋪作銀世界。泉從頭上落，結作珍珠帶。我時欲佩珠，步虛搖綷縩。九仙如槁葉，裊裊隔霞拜。問我胡不來，遺世窨仙瀣。前年欲寄書，青鳥去天外。

我登七寶崖，木蓮正葳蕤。四塞連天霧，不辨我與爾。俄而天霽開，彩擷排光紫。閃爍兜羅綿，絢蒨亘玉壘。明滅頃刻間，復量亦復止。無從何處去，有從何處起。欲問騎象人，默默不得語。

一登成一笑，一笑成一吟。未登百年前，笑我無此身。既登百年後，笑我空此名。有名竟如何？不如了無痕。長揖當途客，從此少逢迎。因號無痕子，一嘯卜瑤岑。

◎净土庵

既登光相巔，還來訪净土。净土支撐不可攀，瓊樓貝闕挂屠顏。晒經削碧

---

① 牧：萬曆本作"木"，據道光本改。

雲霞外，瓦屋團青咫尺間。削碧團青何磅礴，遠遠奇巒仍漠落。媧皇補石暮雲深，力士一去誰施鑿。生來山癖一龐鳩，眼底崖前事事幽。枯木如人立，浮雲作水流。朝烟連暮雨，六月亦三秋。客或從天馬，僧多自伏牛。伏牛天馬何隱隱，江海誰人發深省。曇花落處月悠悠，祇樹生時雲泯泯。泯泯悠悠不可知，正是游人發興時。覽勝馬遷追禹迹，尋源博望觸支機。尋源覽勝誰高格，仙人掌上雲初白。待我相看青鳥還，與汝同開白蓮社。

◎藤庵

崖石將欲墮，支石穿藤坐。老僧好打眠，鐘聲莫敲破。

◎大懶歌 答雪谷四首

嚛嚛嚛嚛來矣鮮，家住十二峰之巔。小時銳志嚙墳典，一重茅屋書千卷。猛然一日收鷄犬，破琴碎鼎燒絲繭。西溪萬尺東海淺，長與造化相游衍。懶兮懶兮懶可憐，手提江①月滴娟娟。

人生酬世長自苦，贏得榮名光祖武。一朝血肉無人主，陡然毛髮化爲土。草深棘蔓眠狐鼠，夜深怪作人歌舞。虛名與影一般同，無形有影竟何補。幾回雲滿孟嘗門，雍門未見先酸楚。懶兮懶兮懶已真，一行秋雁下高冥。

得得得，宇宙懶人誰主客。白日當空鳳一鳴，百鳥聞之咸腦裂。馹馬明明臨九陌，浪說螳螂能拒轍。莫臥陳摶石，莫買游岩宅。莫披漆園衣，莫釣嚴光澤。四子小小懶溪山，將謂鷄蘇同狗虱。懶兮懶兮懶愈豪，兩間浩氣相

---

①江：萬曆本作"紅"，據道光本改。

森蕭。

生平問學愛放膽，鳶魚處處多逍散。天地生吾有意無，倏爾年來成大懶。借問勤①人愁不愁，紫袍常照席前羞。自笑自笑長自笑，烏紗不慣懶人頭。偶來峨眉巔上游，一望天涯滿目秋。九河同是水，五岳盡成丘。千古以前風颼颼，千古以後月悠悠。世上懶人誰是儔，吾將與爾同去騎鶴登瀛洲。

①勤：萬曆本作"勒"，據道光本改。

快活庵齋居日

◎遇齋居日即閉門謝客

凡聖誕祭丁，元旦、冬至日，先一日齋居。遇祖先生日、忌日，本日齋居。祖先生死于元時以①前者，恐時日不真，不敢齋居，生死於大明洪武以後者齋居。今將應齋戒期日列于後：

正月
　　三十日，祖妣劉氏五忌日。
二月
　　二十二日，顯考朝生日。
三月
　　清明日
　　十三日，祖妣劉氏五生日。
　　十七日，祖妣李氏四忌日。
五月
　　二十三日，祖尚廉生日。

---

①以：萬曆本作"已"，據道光本改。

二十四日，顯①妣丁氏九生日。

六月

　　初三日，祖妣胡氏三生日。

　　初八日，祖妣胡氏三忌日。

　　十六日，祖妣張氏二忌日。

　　二十二日，顯考朝忌日。

七月

　　十五日，祭祖日。

　　十七日，祖妣李氏四生日。

　　十八日，顯妣丁氏九忌日。

　　一十日，祖昭忌日。

　　二十一日，祖晁富生日。

　　二十七日，祖志清忌日。

八月

　　初十日，祖晁富忌日。

九月

　　十二日，祖妣許氏八生日。

　　二十三日，祖昭生日。

十月

　　初二日，祖志清生日。

　　初五日，父母劬勞日。

　　二十日，祖妣張氏二生日。

十一月

　　十七日，祖尚廉忌日。

十二月

　　二十一日，祖妣許氏八忌日。

歲除。

---

①顯：道光本誤作"祖"。

（右春秋祭祖，蓋取雨露既濡，霜露既降，陰陽來往之意也，故當在於仲春、仲秋。俗人泥於介子推之説，寒食上墳；泥于盂蘭盆之説，七月十五祀祖。德每欲革之，從仲春、仲秋。但常見唐玄宗有詔書云："寒食上墓，禮經無文，近代相承，寖以成俗。"則自唐、宋已來已不能革矣。雖非二仲，然亦不失於春秋也，故從之。）

◎快活庵四禁

不枉見有司。

不入縣城西門。（答拜不論。）

不釋麻衣。

不自奉殺生。

◎快活庵吟

山人長快活，今逢九月①九。卜此快活地，剛剛占一畝。竪此快活庵，圍以先生柳。間之逋仙梅，松竹相成友。樹外鑿一池，種蓮兼及藕。庵中快活人，栽培天獨厚。養此快活心，動息相操守。譬如養嘉禾，先要除稂莠。又如拘明鏡，歷歷去塵垢。一旦陽當空，陰霧撤豐蔀。主人既快活，衆賓悉樞紐。頭喜快活冠，烏紗等白綌。手喜快活事，忠信佩兩肘。身喜快活衣，飛鶉任蚴蟉。眼喜快活書，包犧字蝌蚪。口喜快活言，仁義成談藪。脚喜快活路，不冒幸險陡。腹喜快活飯，兼味惟菘韭。飯若方消時，喜飲快活酒。酒如得興後，得興即擊缶。缶聲帶長歌，快活直到酉。酉後如微醺，整衣自抖擻。便吟快活詩，縱筆如揮帚。吟後卧藤床，就夢登岣嶁。漸漸上雲霄，弄月捉星斗。夢中更快

---

①月：萬曆本作"日"，據道光本改。

活，兩腋生颼颼。次早山童報，紅日射茶臼。起來不梳頭，且看花開否。忽然客到庵，五七相携手。或論赤子心，因爲誰方剖。或論先天圖，黑白分奇偶。盡日快活話，日晚不覺久。客亦再三謝，頂門一針灸。送客出庵外，行行到溪口。白雲沿溪來，俄而成蒼狗。與客共一笑，快活方回首。快活人不知，牛馬隨呼醜。我也只快活，懶爭及齦齕。快活人若知，隨他羨瓊玖。我也只快活，不論覆醬瓿。人生一場戲，傀儡分先後。自開傀儡場，都入紅塵走。車聲雜馬蹄，齊向紅塵吼。及爾吼罷時，一并入囊簍。少小即看破，今成快活叟。快活更快活，身上漸鮐耇。快活至百年，此身非我有。一笑還造化，不知我是某。惟遺快活名，朝暮在培塿。清風吹卯辰，明月照子丑。風月快活成一片，應與乾坤同不朽。

庵在悦我堂之側，快活之名蓋山人自命云。

◎ 小酌

萬尺蒼松幬美髯，一壺小酌到山尖。已知白髮嫌青鏡，幸有黃流媚黑甜。雨後晴光排素嶂，春深草色上疏簾。笑看此境須拚醉，説與東風莫捲帘。

◎ 灌園

蒼山白石枕寒溪，碧草玄猿向晚啼。渺渺清泉排雪出，蕭蕭綠竹掠雲齊。宦情半是持鷄肋，□□①看誰學馬蹄。却笑老狂真率久，滿園春色灌蔬畦。

---

① 萬曆本、道光本此處皆缺文。

◎贈宗侄章還宕渠

　　春雲漠漠春將暮，春風不度烏椑樹。前山一夜麪塵波，萬紫千紅飛滿路。有客有客自宕渠，紉蘭纕蕙茝爲裾①。十年不夢池中草，雲深何意到蝸廬。一見仲容相絕倒，香名入耳知多少。紫庭丹穴果非奇，夜光結綠難爲寶。笑我餐霞老更狂，粟留日日喚求羊。芰荷坐破沙鷗席，懶看人間舞袖長。留爾溪邊釣紅藥，共看②溪雲流大壑。自古儒林道味長，酌醯焚枯原不惡。丈夫策足當及時，走馬獻賦明光墀。誰道陽春知者罕，江湖何地少鍾期。浮生百年會有役，大都趫貚方生靭。肯將白日欺紅裝，坐惜青陽老蒼碧。南山有豹卧空岡，也因苦霧變文章。無知之物且如此，五車何況讀縹緗。福利一壺聊出祖，生銅三尺乘風舞。行將飛步出塵冥，榮名岌業懸家譜。莫訝音徽路間關，文華夜夜斗牛間。去矣不忘雩舞樂，流水桃花月一灣。

◎夢醒

　　石林修竹净蘭皋，霧嶂霜硎挂雪濤。松閣吟成苔色静，藤窗夢醒月華高。季鷹豈爲思蓴去，蘇晋何曾假酒逃。自是疏慵心即遠，柴桑原未學騷騷。

---

①裾：萬曆本作"裙"，據道光本改。
②看：道光本誤作"有"。

◎飛雪行，贈古建吾入京便省

　　長風吹雲①入紫冥，飛雪亭高挂太清。銀冰直瀉二千尺，星槎縹緲下蓬瀛。天吳前驅海若舞，馮夷揚桴伐鼉鼓。翠搖十二竹枝娘，李白空吟夢天姥。美人意氣吸長虹，青霄赤翰橫秋風。一朝龍節分江國，冰壺玉鑒懸高空。廟廊不日徵朱邑，湖海于今識次公。宦情從此同飛雪，不必披圖驚往諜。龔牛韓鰐何須同，自有今人各高格。鶴髮雙親并壽時，青士蒼官老更奇。龍章已識從天降，鳥啄徘徊各有私。瞻雲久切三川②遠，愛日長懷百歲期。褰帷又泛巫陽楫，江怪遙看五玉疑。芸暉重喜斑斕舞，鴛鷺還隨太液池。百年忠孝兼之少，幾人拾椹不傾葵。笑我懶成豐草鹿，蛐蟟盡日眠空谷。離群又復六年餘，野馬牽人飛電轂。朱弦別後何曾彈，止調一腔山水綠。泯泯相思欲聚星，忽忽無緣同秉燭。醉後誰歌蜀道難，五雲多處是長安。盧溝橋畔車如蟻，蕭蕭送客五更寒。恍似兒童騎竹馬，歡呼繚繞上巑岏。夢殘濯錦橋頭月，好折③燕花寄澧蘭。

◎答劉鼎石見寄

　　天欲生人莫生昭君手，琵琶馬上塵蒙首。我欲賣物莫賣豐城劍，斗間紫氣人難見。周冕殷哻價自高，誰人持此去游遨。甌駱從來多祝髮，瀴潏幽荒祇自勞。芳草麒麟難着脚，捫漢緣霄羨猶獶。老叉到此不平處，應動胸中萬古刀。亘古亘今皆如此，非我之所召，亦非人所使。天道不將流離塯，軻與斯人誰人矯。志成君子一笑清風賀若弦，自家歡笑自家憐。君不見果州劉鼎石，新詩首首驚坐客。行路長歌蜀道難，手抱琅玕望空碧。(劉叉詩云："磨損胸中萬古刀"。)

---

①雲：道光本作"雪"。
②川：道光本作"千"。
③折：萬曆本作"拆"，據道光本改。

（昔賢贈楊耆云："女無美惡富者妍，士無賢不肖窮者鄙。使耆逢時遇合，豈必減當世之士哉！"愚贈鼎石，蓋取諸此。時也，命也，如天道何！）

◎雙喜篇贈顧象葵_{有序}①

象葵，吾黨中君子也，進止純懿，一門友義，予仰之素矣。前年來司鐸梁山，予以庵中硁硁小禁，坐春風者僅兩三度耳。今春予病痁止酒，不出庵者一年。弟文進秀才自城中來問，予始知象葵生子交獎，乃作此長句贈之。懸知象葵必見招呼，而不知予非昔日量也。"大瓢貯月歸春甕，小杓分江入夜瓶"，蓋長公汲江煎茶之詩。予病後止酒更嗜茶，習習清風生兩腋，乘此清風去蓬萊。茶之興原不減於酒，故贈象葵之詩，不覺發之於辭云：

蒼靈駘蕩暮山紫，暖風花撲仙人几。宮墻別有一般春，綠波碧色輝桃李。彥先致身何太奇，青霄孤立紅鸞姿。少日華飆吹麗藻，鮫人雪②浦縝烏絲。萬里我曾游鐵關，獨立百花看綽約。五龍聊穎共芳菲，樓臺嶙峋飛花萼。翅翂③一日蟠龍巔，揭車菌桂佩娟娟。今日先生知絳帳，舊時居士即青蓮。顧我牽迂飽溪薇，逢人每調無弦曲。朱華素雪總關情，東風不到蛣蝓谷。偶聞丹穴生鸞凰，鬱蔥佳氣滿槐堂。想有銅人話疇昔，豈無鐵杖壽椿篁。磙玉佳兒將試晬④，榮名況復收蒼佩。千金駿骨入通闤，一眄方歆知價倍。丈夫適意甘羹藜，家家飲酒望青齊。孰知名教多樂事，烏紗何必照通犀。江湖一望誰知己，為君調笑歌雙喜。春歸幽谷聽遷鶯，之官華域還携子。歌成須飲三百杯，湯餅應餘鴨綠醅。此去鄭鄉看咫尺，山人之酒何時開。生平⑤疏懶惟種秔，豈緣⑥藕軸生啾促。暫

---

①道光本無"有序"二字。
②雪：萬曆本作"雲"，據道光本改。
③翂：萬曆本作"翁"，據道光本改。
④晬：萬曆本、道光本誤作"晬"，據文意改。
⑤生平：道光本作"平生"。
⑥緣：萬曆本作"綠"，據道光本改。

時且學止酒陶，猶能不廢顛茶陸。渴懷何日慰龍芽，大瓢貯月春山緑。

（"薳軸"見《毛詩》。王元長《曲水詩》序云："薳軸之疾已消。"）

◎晚坐

石上松間亦可憐，匡床竹几坐留連。殘霞挾電明還滅，驚雀將雛去復旋。感事偶歌秦吉了，因風長問傅延年。杖藜自笑機心少，靸脚科頭晚看泉。

（吉了，鳥名，《唐樂府》也。《唐書·樂志》云："嶺南有鳥似鸜鵒，籠養久則能言。南人謂之吉了。"開元初廣州獻之，識人情，慧於鸚鵡。《漢武帝本紀》書"南越獻馴象、能言鳥，即吉了也"。白居易元和四年作《新樂府》五十篇，專以諷諭爲體，《秦吉了》其一也。其序云："秦吉了，以哀冤民。"）

◎送吴鳴山落第西歸

孤雲匹馬共悠悠，久客將歸歲已秋。滇海夢中何日到，盧溝橋畔幾人愁。蚡緼漸隔桓伊笛，凋敝先看季子裘。蜀水燕關千萬里，不堪回首仲宣樓。

（馬扶風《長笛賦》"蚡緼蟠紆，繟冤蜿蟺"。注云："皆聲紛亂貌。"）

◎寄宗侄章，續聞白泉水變，猶留意於玄也。諗之以詩 二首

細雨空堂清夜徂，翩翩憐爾去時孤。眼前弓冶看成派，匣裏雌雄喜欲呼。

我老頻年依白墮，吾宗今日見韓符。宕山阻絶音塵邈，幾度相思問雁奴。

好去殷勤寄白泉，蒲團且廢講兜玄。三微河漢連天漲，萬壑魚龍帶地遷。顧我髭鬚新染雪，笑誰鷄犬欲登仙。何時洗净丹砂耳，來聽清風月下弦。

◎高青庵過二侄家數日，枉之不至，致①以八句

故人別後長芳蕤，蜻蜒逢秋向晚吟。病骨漸同玄鶴瘦，詩思還共紫芝生。阮咸應盡騰觚興，王粲須知倒履情。説與伯恭渾不解，翩翩策馬度柴荆。

◎戲答大池病中見寄

大池爲修煉買粲，病後逐之。

萬事悠悠阿濫堆，隨風前路落蒿萊。眼穿久訝冥鴻斷，地僻焉知突馬來。九鼎聞收桃葉女，三春空靚壽陽梅。渡江一去知何處，示病維摩莫浪猜。

（桃葉，王子敬侍女也，有詩云"桃葉復桃葉，渡江不用楫"。東坡詩云"但恨不携桃葉女"。）

◎答人

半畝茅堂枕白沙，栽松植柳即爲家。青蟲日晚懸檐出，黄葉風輕繞澗斜。生理年年占八穀，修仙個個問三花。江湖無限東陵地，種得菘薺勝種仙。

---

①致：萬曆本作"誈"，據道光本改。

（八穀，星名。《丹元子步天歌》云"階前八星名八穀"，注云："八星在紫微西蕃之外，五車之北，一主稻，二主黍，三主大麥，四主小麥，五主大豆，六主小豆，七主粟，八主麻子，明則八穀皆成，暗則不熟。"）

◎春城歌贈李子喬明府

春城春城何所有，城中盡是陶潛柳。江邊畹側如甘棠，召伯歌聲不離口。春城春城何所嘉，城中盡是潘岳花。曉風一夜河陽發，闤闠家家醉彩霞。花明柳暗圍明府，隨①風向日尊前舞。飛上頭來作法冠，妝在胸前成孚補。笑我生平②志未休，十二巫峰挂蒯緱。郢城何日看花柳，兩腋翾翾黃鶴樓。六年隔別無由面，枕邊笑語時時見。愧乏瓊瑤可報君，題詩爲寄樊城扇。

右子喬性衝淡，令通道人多懷之。爲余遠寄《日錄》序文，贈答以此。

◎題顧象葵便面

一官迢遞歲頻更，三蜀文華舊有名。豈謂河魴才可食，祗緣翰墨味偏清。白鹽壁立嚴師席，巫峽江澄照宦情。別去何時溫笑語，坐看鴉九欲飛鳴。

---

①隨：萬曆本作"髓"，據道光本改。
②生平：道光本作"平生"。

◎贈曹荔溪中丞西還

　　一別蟠龍閱歲華，春鶯遥憶紫垣花。玉符清映溢城水，霜鉞光分灩澦沙。直道北來知鐵石，玄文西去變烟霞。客星只恐摇銀浦，莫遣絲綸上釣槎。

◎寄白牛和尚

　　白牛白牛形如鱖，白牛白牛皎如月。潙山霜冷①洞庭竭，試問白牛何處歇。山兀兀兮水迢迢，東明骨冷不能招。幾時净掃松石腰，風送龍潭慧餅焦。

◎贈黎學博 文僖公之孫

　　洞庭渺渺七百里，衡岳層層萬叠②山。如此山川堪作畫，豈無豪杰生其間。鄭虔才大官猶冷，莊舄③吟多鬢未斑。欲訪華容耆舊事，蟠龍雨暝④白鷗灣。

　　（聞忠宣公劉時雍，皆乃祖之門人，故有耆舊之句。）

---

　　①冷：萬曆本作"泠"，據道光本改。下"冷"字同。
　　②叠：道光本作"壘"。
　　③舄：萬曆本作"寫"，據道光本改。
　　④暝：萬曆本、道光本誤作"瞑"，據文意改。

◎謝傅達吾送日錄序

醉臉昏昏策杖藜，瑤光玓玓下茅茨。人間雁到花黃日，天上虛橫月白時。款段自思非駿骨，碔砆今已化瓊枝。乘風欲寄登堂意，對使先吟木李詩。

◎邀蕭學博 時寓佛果寺

荒村春作亂如麻，水埒茅茨綠樹遮。黃犢犁穿三畝雨，杜鵑叫破一灣花。放翁好古書連屋，桑苧耽貧客亦茶。路上不須窮姓字，萬松深處即吾家。

◎答顧象葵

梁山天偶漏，無人上天補。急去求媧皇，媧皇問河鼓。河鼓告星茄，星茄首亦俯。藥師跨駒駼，一滴大于股。商羊僅一足，只向雲邊舞。我欲提兔鐵，猶恐有所主。瘵哉此元元，無故倒銀浦。杜鵑日催耕，屪䈞盡斤鹵。徒胥呼丈田，蹲彶喑啞櫓。去馬與來牛，慸慸如蠹魫。惟有快活翁，朝朝醉馬乳。文思發靈竅，欲去游天姥。乘彼巽二車，颮颮登蕙圃。便到蓬萊宮，訴此蒼生苦。不意故人書，偶下辛夷塢。開械如見面，錫我龍根脯。且對故人言，代此瘡痍吐。

◎寄謝顧車張萬四博

　　雞園徙倚解螺舟，龍脊徘徊亦勝游。自憶此身依白社，孰知有客對青州。蔡邕倒屣情偏厚，山簡臨池興更幽。歸到柴桑剛爆竹，滿衢燈火映簾鈎。

　　自彈綠綺自垂簾，未必夔州即久淹。官到廣文知獨冷，時來苦李也生甜。五溪諸水通三峽，赤甲群峰接白鹽。却恐蘇湖輸此景，令人回首丈人尖。

◎贈劉明府詩①

　　九日題詩萬壑秋，一錢遙憶固陵劉。雲霞天上頻飛鳥，刀劍人間②盡化牛。顧我青山惟卧酒，思君白帝欲登樓。明年拄杖匡廬去，灩澦波平即放舟。

◎鰕鮔篇 送人南游

　　海鶴西風一萬里，飲啄王母瑤池水。長鳴多在霄漢間，澤國稻糧空瀰瀰。中原虎鬥一著棋，先後輸贏不得知。倏爾野雞精變怪，高崖深谷忽參差。昭君琵琶聲轉澀，總爲胡塵彈不得。早知薄命是紅顏，生時何必傾城色。仰看青天，青天如碧波。俯看澄江，澄江如翠蘿。大開我眼孔，碧波翠蘿如予何。西有長庚大于斗，夜夜來照我鴉九。昨日照紅顏，今日照白首。黃鳥啼花花不言，不是舊時樊素口。陶潛將鐵鑄成腰，門前只種先生柳。滾滾洪濤上向東，拍天烟霧總歸空。爾不與世爭飛兮，何异乎以鸞鳳爲鴟鶹。爾不與世爭潛兮，何异乎

---

①原目錄處作"贈劉明府"，正文處詩名中無"府"字，今據原本目錄補。
②間：萬曆本作"問"，據道光本改。

以螼蚓爲螭龍。乾坤原浩蕩，物理有磨礱。叔夜不須疏吏部，桓譚終是識揚雄。丈夫行藏何足計，竿木隨身聊看戲。莫怪鰕鮔喜潦潢，海波原未見茫茫。

◎獨步

散髮行歌獨拄鳩，薜蘿回首草堂幽。誰言被褐懷珠玉，自信忘機狎①海鷗。風送暮烟開夕照，鳥銜秋色過汀洲。歡呼剩有王猷興，未必山陰好放舟。

◎贈吳徵君

長愛幽居暑亦寒，春容隱几竹皮冠。西山斫藥雲生屐，南澗垂綸月上竿。四皓有芝皆化紫，八仙無酒不成丹。晚來吹笛藤蘿外，月色娟娟只自看。

◎讀江津名宦甘公碑

大蕭挾小蕭，廉泉飛其麓。逍遥并岌嶪，玉隆高景福。間世出聞人，雲龍相追逐。前有徐孺子，後有黃山谷。我昔夢輕舉，飄飄騎海鵠。葛仙約煉丹，石鏡光可矚。前年寄我書，蛇蚓不可讀。似約三年後，瀛洲登影木。正欲游梅嶺，慰此喧卑促。偶得永昌碑，愁之同霧縠。却裂此邦人，聲響迭琴筑。召伯甘棠詩，萊公路傍竹。學道則愛人，感應原自速。漢獨重循良，餘子等碌碌。何必歆廟廊，不須嫌矮屋。

---

①狎：萬曆本、道光本誤作"狸"，據文意改。

◎與張小村飲薄酒，席上口占奉贈

西街酒淡淡于水，軟盡杯終長帶淬。不如飲水水猶清，世情世情薵偫應如此。張生礌砢負年華，璘瑜色色見奇葩。走馬金盤呼五白，片時定有萬人誇。坐中三五談玄客，吞醨澆醇猶高格。滿堂笑謔欲天明，銼鑛塵起無肴核。自古屈伸無定期，壯士停杯聽我詩。假令雨久淒涼日，便是榑英酷烈時。君不見，高陽酒徒懷抱惡，時命不來甘濩①落。其間生計更蕭條，長與隣家編苗簿。突然光焰生觕綏，朝爲戟士暮封侯。咳唾之間安社稷，左擠諸呂右扶劉。

◎顧象葵許載酒快活庵，遲之再三不至，戲以十六②句

一別何時思惘然，百壺曾許澆雲眠。四休冷淡知無地，三徑風流別有天。酷暑易生司馬渴，枯腸難禁汝陽涎。蝸廬鷗席如違約，翠壁紅泉亦可憐。

連日欲雨不成雨，故人阻絕奈之何。十旬九醞貧家少，綠竹蒼藤野外多。老去息機思舊侶，醉來彈鋏喜長歌。山陽興發同沉頓，便臥虬松枕鷺梭。

◎送劉思泉

數夜不成眠，相思亦可憐。五年新百度，赤子頌青天。春酒迎花柳，征韜向澗瀍。逆知劉寵去，不受別時錢。

---

①濩：道光本作"瓠"。
②十六：萬曆本作"六十"，據道光本改。

◎題華封三祝圖壽楊東泉少府

積陽真朱光，修景迎南陸。豈知在乾封，顒①亦見四目。賴我關西楊，隨車注膏沃。一誠格真宰，琅玕呈披腹。俄爾騰涌烟，四野如撒菽。翻笑不空子，手籤數寸木。正適懸弧期，士民慶玉燭。徐生自遠來，生綃持一幅。不獻鶴南飛，却獻華封祝。索我山人詩，匆匆掃兔禿。我不願明公，多富滿囊簏。但願祝生男，慰此萬事足。

楊清苦如冰蘗，問斷如神，蓋古之循良也。時值亢陽爲虐，民艱栽插，公翦爪致誠，四野如注。梁山接墊江、忠州、萬縣、達州、開縣、新寧、大竹七境俱無雨，惟梁山獨霑足焉，非异事耶？可以占公一念之誠矣。適公誕辰，徐生柳莊公父子索余詩，書此壽之。

---

①顒：道光本無。

八關稿

◎當置酒

　　古樂府宋孔欣"置酒高堂上"，梁簡文帝《當置酒》，唐李益《置酒行》，其辭略云："朝日不夕盛，川流常宵征。生猶懸水溜，死若波瀾停。"又云："日往不再來，茲①辰坐成昔。安得凌風羽，崦嵫駐靈魄。"大抵以浮生倏忽，當置酒行樂，三辭皆一意也。愚以人之寄世，苦不多時，而乃淪落塵海，不得高出雲冥②者，不過纏綿"富、貴、貧、賤，生、死、進、退"八關而已。而其病源則在好勇、好貨、好色有以使之，心爲形役。凡民無足論矣，每見英俊之士，逢關即墮，惜哉！殊不知有鎔鑄乎我者，得此霸秉，以破八關，雖不能徑入無欲之室，亦可以掃塵根而窺明堂矣。乃作此八者③廣之。

---

①茲：萬曆本作"慈"，據道光本改。
②冥：道光本作"霄"。
③者：萬曆本作"有"，據道光本改。

◎進關

君不見，積雪爲山山不成，畫餅療饑笑殺人。步虛兩腋未生翅，不如自在坦途行。梨①花莫染桃花色，妖祮不生龍伯國。年年點鐵欲成金，九轉依②然一片黑。身化爲鶉眼化鴎，澀劍還同瘦馬嘶。影影白髮三千丈，一寸愁腸一寸絲。當置酒，當置酒。勸爾勸爾莫競進，空羨東華塵撲駿，不識黃楊原滯閏。

◎退關

君不見，酒深傾跌醒時悔，娥眉富艷身先瘥。將軍不學赤松游，蒯通終作多言鬼。丞相樓臺高入天，呼吸生風咳亦烟。惟有黃犬世間寶，有權不得片時牽。誰人喜上千尋樹，上到樹梢無去處。風擺雷轟下不來，雲須霧毒迷歸路。當置酒，當置酒。勸爾勸爾早知退，一箭射穿蟾兔背，力盡終須落闤闠。

◎貴關

君不見，彥升裒裒綰銀黃，聯鑣許郭駕曹王。彈劾曹劉聲焱赫，清塵滿路慕羊莊。大殢一日歸東越，含酸茹③嘆那飛潑④。雁⑤兒啄啄各流離，嚴冬霰雪猶披葛。歸華別葉轉風輪，昨日論交誰是真。死灰惟見今飄泊，肯思雕炭昔璘霦。

---

①梨：萬曆本、道光本作"黎"，據文意改。
②依：萬曆本作"僅"，據道光本改。
③茹：萬曆本、道光本誤作"茄"，據文意改。
④潑：道光本作"發"。
⑤雁：道光本作"鷹"。

當置酒，當置酒。勸爾勸爾莫言貴，門前車馬多如蝟，朝起紅塵暮生卉。（披葛事見李善注。）

◎富關

君不見，東溟西渤水悠悠，河伯誇口騎鯨游。鼴鼠聞香千里到，一飽眉攢即掉頭。金谷樓臺甃釜壁，千甍萬構連天碧。及爾半夜偃臥時，占斷依然剛八尺。郭金貯穴張羅鐘，一身有限物無窮。八百胡椒無處用，也與塵生甑底同。當置酒，當置酒。勸爾勸爾莫貪富，高明有鬼啼清晝，偶因腐鼠翻生臭。（腐鼠事見《六帖》。）

◎生關

君不見，鴻雁雲裏陣成行，前者叫雪後呼霜。一時過去成陳迹，白雲滿目天蒼蒼。天地生人當如鐵，千年萬年居浩劫。如何呼吸氣成生，一口不來燈即滅。聞君夜夜千年憂，雞肋將休又不休。有時魑筆通勾斷，浮羽沉鱗貉一丘。當置酒，當置酒。勸爾勸爾莫憂生，轆轤常日息心兵，濫堆風起任蕭蘅。

◎死關

君不見，洛水修邙墳累累，珠襦玉匣排金紫。烏鴉不怕舊英雄，寒食都來銜鬼紙。太陵光發幾榛蕪，狐鼠嬌痴白日呼。一半又收田畯册，不屬當年墓大夫。祖龍拔山山即倒，椒房蘭簫誰知鮑。雷①塘寒月更愁人，曾照吳公臺上草。當置酒，當置酒。勸爾勸爾須知死，買絲繡得信陵起，長髯廣額竟誰似。（太陵，星名，主天下墓。）

◎賤關

君不見，火燒樗木半枯槁，蠨蟟蟧䏭苔蘚老。一朝呼起居士名，千人萬人來祈禱。人間至賤賤騎奴，人間至貴公主夫。配合不分人貴賤，乾坤一向雪模糊。時乎時乎如剪彩，朱門白屋一時改。亭長不通蒼頡書，橫戈五尺平滄海。當置酒，當置酒。勸爾勸爾莫厭賤，胡風朔雪欺單綫，寒崖吹律俄而變。

◎貧關

君不見，豫章梗楠充棟梁，百牛連軼雙輪僵。枯桐縹薄一人把，嚴春賀若相操張。自古文章憎命達，龍團翻為薑鹽奪。假令學聖賴金貲，陶朱先已傳衣缽。原憲茅堂蒨野蒿，風凄雨慘寒蟲②號。回琴點瑟徽清響，千秋萬歲相孤高。當置酒，當置酒。勸爾勸爾自安貧，白水青山烏角巾，間③朝長滿十分春。（坡詩："老妻稚子不知愛，一半已入薑鹽前。"）

---

①雷：萬曆本作"雪"，據道光本改。
②蟲：萬曆本缺，據道光本補。
③間：道光本作"朝"。

游吴稿

　　楊文節公《萬里江湖集》序云："予少作有詩千餘篇，至紹興壬午皆焚之，大概江西體也。今所存曰《江湖集》者，蓋學後山及半①山及唐人者也。"又《荆溪集》云："予之詩，學之愈力，作之愈寡，嘗與林謙之屢嘆之。"又《南海集》云："予詩每變每進，今老矣，未知能變否？能變矣，未知能進否？"古人用心之苦若此。某作詩隨意興所到，亦未嘗計工拙，亦未曾學人，亦未曾焚其稿。若一時忘其收錄，則有之矣。獨《游吴稿》三百多篇，一友人借去竟散失，是以南岳、廬山諸詩無一首存者。此數篇乃張成夫宦蜀携來刻之爾。廬山寄袁計部詩一首，湖廣朋友能記之，亦未入此錄。噫！我命之窮通有數矣，我詩之存亡亦有數耶？書此一笑！

◎登小孤山 三首

其一②

　　崛岉危亭古，蒼茫落照孤。寶刀修卓筆，金斗熨平湖。歸去知彭澤，重來爲湛盧。憑欄時北望，五色繞清都。

---

①半：萬曆本、道光本皆缺此字，據《誠齋集》卷八一《誠齋江湖集序》補。
②道光本無此標題。

其二

孤根盤水府，飛閣漱天潢。彭蠡秋濤闊，潯陽棹影長。花濃三峽曉，月冷九疑霜。應去邀浮伯，同來坐斗傍。

其三

四面烟花接，三湘樹色通。嵐光撑素岫，晴日墮空濛。有客同談劍，看誰咏轉蓬。題詩長嘯去，一葦任西東。

◎ 蝦磯廟 二首

其一①

蕊殿龍蛇古，瓊宮烟霧浮。鼎湖今有主，吳蜀昔②空愁。旅雁屯沙月，漁絲起夕訌③。蘆花多故壘，何處是歸劉。

其二

不爲尋奇勝，無由棹晚風。磯沙通燕子，帆影帶鼉叢。舊業憐三鼎，新恩錫九龍。爐烟江霧接，疑是永安宮。

---

①道光本無此標題。
②昔：萬曆本作"者"，據道光本改。
③訌：道光本作"謳"。

◎鞋山篇

　　我聞崑崙層城三千里，玉樓十二欹天起。左帶瑤池五色雲，右環翠水無涯涘。憶昔真宰混一元，獨有茲山①鎮乾坤。去地不知幾千幾萬尺，南衡東泰俱兒孫。兒孫瓜瓞太繁庶，混沌氏乃分付曰，爾各九州四海去。五老居住茲山已多時，鶴足鶻眼虬松鬚。老人之情愛幽獨，不似群兒到處居。偶然一日跨白鹿，杳杳穿秦復度蜀。江南江北總無情，來向廬山尋瀑布。瀑布年年噴雪花，三千弱水隔烟霞。丹砂雲母圍琪樹，回首乾坤一望賒。嵐光水色如人箔，瑤華玉醴朝朝樂。誰知生女不生男，百年翻令成落寞。大者湘娥嫁舜皇，左禹右稷禪陶唐。離鸞別鳳蒼梧遠，九疑歲歲哭瀟湘。潯陽路渺空瞻望，捐玦遺佩知何方。元君采藥入衡麓，回首蒼烟迷草路。欲往尋之問懶殘，道在雲深不知處。山中尚憶魏夫人，金書玉簡相朝暮。螺磯夫人嫁劉郎，諸兄風味攫虎狼。永安白日蛟龍死，玉妃喚月歸海底。我祖南來靖江濤，新恩方錫九龍袍。蕉湖江下稱靈澤，虹吐鯨吞還食血。惟有大姑小姑不嫁人，蓀梁蕙棟水之濱。小姑居其下，大姑居其上，五老居其中，蹁躚永相望。有時二姑或聚首，琳琅偃蹇相先後。晚妝烟水綠雲鋪，亂潑胭脂之膩成五湖。却將小姑鞋，流向湖心伴綠蒲，千年萬年底柱②到洪都。豐隆不可震，巽二不可呼，看盡吳艎蜀舫銀波雪漲捲模糊。人生有志志各殊，湘妃母儀天下無。元君白日騎仙騄，螺磯相夫終死夫。二姑不綉鴛鴦不怕孤，一幅清水懸玉壺，同與人間作畫圖。嗚呼！人言有女必嫁人，我言不嫁也亦可。試問山中五老來，嫁與不嫁同鬓鬆。

---

①山：萬曆本作"上"，據道光本改。
②柱：道光本誤作"柱"。

◎ 歌風臺

秦宮鹿失楚猴逐，白蛇染血烏雛哭。咸陽竹帛入烟消，風捲山河成破竹。功成還憶沛中來，前度劉郎今又回。翠華渺渺迷歸路，金戈鐵騎響成雷。白旗黃鉞環桑梓，芒雲碭霧排光紫。人間喜羨錦衣還，未必亭長爲天子。憶昔賤爲亭長時，一身落魄苦奔馳。懶讀詩書不識字，侘傺長爲鄉里嗤。孰知風物一時改，手提三尺平滄海。自着戎衣閱歲華，去住家山今幾載。酒酣自作三侯章，兒童拍手繞壺觴。因思得國憑三杰，猶欲斯人守四方。遂將此地爲湯沐，青山白水蒙優沃。飛甍複道峙中天，竹籬茅徑成黃屋。我來猶有歌風臺，昔之慷慨何壯哉，一自鼎湖龍去后，白沙黃霧起塵埃。神雀醙鷄同嘩嘍，東流泗水無昏曉。寒鴉啼處野棠開，傷心不獨虞姬草。

◎ 黄鶴樓

城郭參差水帶沙，峰巒崒嵂走龜蛇。千甍烟繞仙人閣，五色霞分帝子家。天外看誰還跨鶴，寰中有客又乘槎。桐山雙鳳栖何處，一望晴川樹色斜。

◎ 燕子磯

紫燕依孤壁，紅亭瞰大江。烏衣無永巷，白下足回翔。王①氣蟠龍虎，丹丘枕鳳皇。崔嵬通鳥翮，迢遞繞黿梁。二水浮空廓，三湘接渺茫。遠峰雲若布，極浦樹如芒。修竹分仙宅，苔階更上方。芝留千歲草，笛落五更霜。松檜排虛

---

①王：萬曆本作"上"，據道光本改。

牖，烟霞護短墙。崖欹陶淡鹿，石跪左慈羊。揮袂邀浮伯，披蓑覺漫郎。步遲嗟謝屐，詩瘦問奚囊。顧我登臨晚，看誰引興長。偶來思豹隱，歸去有鷗莊。六代人文歇，孤舟賦客狂。江山成代謝，南北惜年芳。不盡留連意，飄飄上野航。

卷四

重游白帝稿 甲申年

◎恰恰

恰恰又是三川路，悠悠自笑百年心。卞和惚恫多應玉，許邁飛騰不在金。恰恰恰，人生亦何苦，朱華素雪血飛弩。何處名爲鄒，何處名爲魯。回視倚天光，雌雄相仰俯。俯者爲賓仰者主，主者自歌賓者舞，一歌一舞成千古。恰恰恰，復如何，榜人牽囝也成歌。白日駕雲螭，道術不在多。拍爾陵陽肩，愷悙莫蹉跎。眄睞一鳥掠船過，層磁虛牝彈藤蘿。（諸木作弩者，三五箭後即軟，惟飛木愈射愈勁。其赤者名"血飛"，更勁，遣箭更速。惟速，故以飛名。）

◎尋袁雙溪隱處

故人一別隔蒹葭，知傍周溪舊釣槎。顧我來時三峽雨，尋君隱處萬山霞。

步兵求仕多應酒，桑苧逃名豈爲茶。無限相思相見意，烟波江上夕陽斜。

◎慰人

騎馬必欲尋騕褭，恐君步行只到老。食肉必欲得猩脣，恐君咬菜自甘貧。生子必欲如曾子，世間人子半皆死。爲臣必欲如比干，古今紳笏盡貪奸。萬物不同形，有好必有醜。萬變不同路，有平必有陂。不如我願者，十中常八九。東鄰貴客紅鸞姿，惺憶早去拜丹墀。有位有禄有珠玉，妻嬌妾美止無兒。西鄰貧人一味蠢，痴憨也不識玄牝。雙眸漸老電騰光，生兒五六排槍笋。世事至此吾不知，何者爲貴何者賤，誰可憎惡誰可羨。説與君，君自見，萬事何必從君願。麗華之妻，采就之圭。人人都慕想，誰消百甕薺。個中如自鱻，終是落醢鷄。照君心上事，燃我手中犀。君不見，眼前十指本一體，有高亦有低。反掌之間且如此，何況世間紛紛萬事各町畦。安得從人心意願，斧削刀鋤①一般齊。

◎有所思 吊傅達吾

有所思兮思正急，美人只在千金石。我來石上空寂寂，漁火不然江水碧。有所思兮思翻疑，美人只在流杯池。我來池上草淒淒，綠錢黃霧灑涔潗。人生寄世何草草，奄忽猶如過目鳥。俯觀江漢仰浮雲，橡蠡登巢何處好。有所思，有所思兮瘵至曉，錦琴洛浦違何早。蛟龍纏劍邐雲表，鸞鳳夾簫飛空杳。乘虹我欲登蓬島，警問羣仙壽與夭。生憎靦慧太顛倒，紅顏悠爾翻先掃。有所思，有所思兮令人老，蕭蕭疏柳三川道。

傅子北還時，余曾以《有所思》寄之，載之《鐵鳳稿》中，乃爲余作《日

---

①鋤：萬曆本此處爲墨丁，據道光本補。

錄序》，自以爲余之鍾子期。未及一載而游岱宗。今子期輒春，余當絕弦矣。不覺令人慟悼，茲復以《有所思》吊者，不忘生前意也。

◎游下崖寺，隔江遙望朱雲石別墅，蹲成二十二韻

欹石轉盤渦，捫崖獨木柯。嵌空疑鬼鑿，洞古喜人過。霄漢虹橋近，浮屠寶筏多。山連魚復國，水接虎鬚波。丹竈塗蠏胇，赴關泐鳥窠。霞明縈石象，灘急吼江鼉。八解鳴空澗，四禪隱曲阿。天高惟福善，地勝有神訶。懿此息心侶，來茲安樂窩。三刀曾試夢，九籥竟成吪。旋綴盧仝屋，重挏翟尉羅。稻秫宜水埒，瓜蔬愛陽坡。朱瑟烏皮几，黃冠白鷺蓑。弄丸登彈子，釣月下盤沱。茶茗東岡子，栽培郭橐駝。先生今日傳，狂客豈無歌。取醉嗟玄邕，相逢盡髻螺。乾坤思管鮑，花鳥怨陰何。繫帛長驚雁，揮毫可換鵝。吟嘮疑越調，咫尺隔涪鄱。岊雀臨籯嗥，殘蘆押水傞。詩成投鯉館，應是化龍梭。

"彈子"，石名，在盤沱江邊，其圓如珠。

◎雲安嘗酒

賈浪仙，孟東野，文章亦是尋常者。小魚彭蚏味非珍，縱然餺飥腜腜寡。惟餘銅斗一篇歌，高出清僧稍古雅。自種韓愈桃李門，聲名不在維參下。流水高山一曲琴，悠悠世上孰知心。千年賀若歸何處，廣陵自抱自呻吟。生平策足款段馬，虋胇鹽車歲月深。長向北風嘶榾楉，伯樂一顧即千金。君不見，麯米原是夔州產，未必釀人剛一盞。假令方之快活春，伯仲之間爭耳眼。止爲詩名重酒名，遂將白水傳青簡。（清僧，賈島也。蘇詩"要當鬥清僧，未必當韓豪"。予"快活庵"中所造之酒，名"快活春"。）

◎答周紅岡講致良知

菁蒿似艾原非艾，滿城戴糧空相賴。杜蘭似葵不是葵，浪傳心事向樽曦。理欲之立不容兩，白日忽然生魍魎。欲做擒龍打鳳仙，習心磨抐須甀甎。孟軻拳拳求放心，切中今人腹內癥。

◎寄譚敬所_{二首有序}

敬所臺中時去滇海，住①茅廬，荒村缺款，烹菘炊糜，與余共榻連惻，敘闊未寐。次早送至溪邊，乃戲余曰："爾高賢決成矣。我見爾以菜待大賓，談笑自若，應知爾心鐵石也。加飯加飯。"喊喊而別。昨游白帝，見郎君於楊少臺家，對酒懷舊，申之以詩。

東閣郎君金玉姿，玄亭一笑倒鴟夷。即看此地浮觴日，翻憶當年煮菜時。元亮歸來心已遠，長康老去性還痴。孤舟客夜難成夢，莫柝宵砧有所思。

自小山人耽野興，一生活計在滄浪。典墳有味黃金賤，松菊多情白日長。笑我登臨雙腳煖，看誰音信十年涼。南來無限鷦鴻侶，莫惜瑤華擲釣璜②。

---

①住：萬曆本作"柱"，據道光本改。
②璜：萬曆本作"橫"，據道光本改。

求溪稿 乙酉年

（溪在岑公洞山後，溪上有觀音閣，峰巒劍攢天外。）

◎過傅達吾舊居

都歷西風捧火輪，大江東去一溝銀。即看三徑羊腸路，翻憶千杯馬乳春。杜甫堂前新舊雨，翟公門外往來人。可憐日月成何事，長笛蕭蕭起北鄰。

◎舟入求溪

雞聲遠遠度烟叢，榜客蕭蕭欲起蓬。三峽氣騰明暗裏，千金石沒有無中。從來愛詠休文月，此去應憑宋玉風。更謝主翁能醑客，東方既白臉猶紅。

◎旱

雨師曠厥水部職，尸位素餐非一日。當春及夏不發生，望舒怒之不離畢。

遂令閼伯弄火梭，白晝縱火焚人禾。趙盾不曉民間苦，助火爲虐①飄紅波。可憐龍身鵝血紫，翻笑泥人立闤里。孫仙只欲覓靈方，不管胡僧羞欲死。安得南陽起臥龍，掏除青黛美人虹。千機萬秭澆酥汁，處處農家金三尺。（古詩："平地三尺雨，農家三尺金。"）

◎賦得長相思一首答楊鑒谷書

君不見，黃姑女孫隔河梁，年年七夕又成雙。又不見，蔦蘿松柏不同氣，短枝弱蔓長相將。無情之物且如此，人生靈於物，何事參與商。美人住江北，我住江東魚復國。少小相逢芙蓉衢，面上桃花頭上墨。不知隔別今幾年，手提紅月還娟娟。蒲葦爭光成甚事，星霜不覺上華巔②。萬念如灰灰更掃，三十年前心即了。惟有古歡朋友情，風雨五更猶絕倒。美人突兀寄書來，玄猿驚散白鷗猜。開椷如見面，一字三看腸九迴。長相思，思之亦將奈之何哉。安得招邀甕進士，槛秀才，加我山人來矣鮮，與爾日日同眺糟丘臺。顧我瘖瘖眠空谷，不友縉紳友麋鹿。懶遣奴星結柳車，惟彈一調無弦曲。此曲未向③世人彈，知之者惟有嶺上之松，溪下之竹。譬如漫客學屠龍，千金之產盡皆空。無地施伎倆，翻不如痴聾。南箕北斗終無益，浪說當年崔少通。九有茫茫今忽古，磨磚作鏡心常苦。鮎鱗強得上桴篗，牢客眼看成斥鹵。赤須白足學長生，依舊輪迴登鬼譜。不如美酒日悠悠，醉從丞相車中吐。萬事不如意，十者常有五。虞翻骨體疏，江總文章嫵。痴虎笑貙龍，貙龍笑痴虎，胡肥鍾瘦信人書。噫！風笑電，隨天主，吾惟歸潔其身而已矣。美人何必計較海底珊瑚，天上白榆，西湖之風，東華之土。長相思，思如何？此身思生兩腋翼，與爾翻翁五岳之標巔，跌坐沉寥之巔阿。捉星登若木，弄月下銀河。酒酣之後却寫驚天麗句問真宰，驚破十洲玄海之蒼波。（因答書中所諭教，與古樂府《長相思》辭意略殊。）

---

①虐：萬曆本作"雪"，據道光本改。
②巔：道光本作"顛"。
③向：萬曆本作"尚"，據道光本改。

◎酸虀

　　君不見，墊巾婆娑形本醜，郭泰頭上即瓊玖。至今猶名折角巾，周冕殷冔齊不朽。又不見，山中蒲葵其物賤，謝安兒戲裁為扇。一刻九衢價倍高，蜀錦齊紈翻不羨。貧人見肉口垂涎，三尸五臟火齊然。朝烟暮雨酸虀菜，到口思連瓦器捐。貴人行酒坐亦肉，作客招賓日不足。千杯萬箸六龍西，亂眠忽醒雞將啼。偶得酸虀救燥吻，回首熊蹯價盡低。人生無貧富，無好醜，不論登廟廊，不論居畎畝。但我一時得意處，百骸九竅皆抖擻。何必千辛萬苦求黃金，只要黃金量石斗。勸君莫只問天梯，且來聽我歌酸虀。酸虀酸虀，看來一物各有一物味，安得功名富貴人人都要一般齊。匹夫各有志，有志不可奪。君又不見，李泌富貴第宅非所樂，但願一覺天子脚，明日太史奏客惡。

◎割蜜

　　朔管聲驚風禽習，雲腴秋老寒光濕。洪濛剖破鶻鵬刀，龍膏瀽落驪珠泣。髯奴擎出芙蓉酥，夷語羌聲擾五湖。冰紗雪幙卧瓊玉，挼莎笋出霍家姝。羊娘罋染絲飛藕，壬公鷺浴琉璃瓿。褒神飄沫貯雲霞，揚雄太玄燦星斗。

◎生日

　　一雨遍求溪，千峰亂挂絲。流雲來作帽，野水去承池。修雷時飄沫，鳴琴漸自移。吟魂依綠蟻，鄉夢繞南枝。旅歲驚將暮，家園屢卜期。江山留客住，花鳥愛人詩。父母劬勞日，鄰姻慶賀時。行藏風月識，好醜鬢毛知。青鏡窺誰

笑，黄流轉自怡。脚常思五岳，心懶逐三尸。聞道常嗟晚，求仁已覺遲。頻尋宣父樂，不改長康痴。藻景原難駐，翔陽豈易羈。樊侯方種漆，元道正歌芝。岣嶁應非遠，天關戒自欺。爲山須進簣，策馬莫停輜。

◎買月

　　風月隨我已多時，三人心事盡皆知。吹我衣裳千仞立，照我文章萬句奇。偶然茅屋如揚簸，滿園百籟吟聲嘩。喚醒昏昏醉酒翁，説將月來賣與我。我言老友已多年，賣之之故亦何緣。風言渾沌只一個，却被伏羲畫一破。遂使洪濛分西東，他名爲月我名風。六龍捧日從西走，我亦隨月看芻狗。自從生君弄月人，月不在天在君手。占戀于今三十年，替君詩思生瓊玖。將我風月都平分，不得團圓共相守。不如收價賣與君，萬里清光盡君有。昨去通明告上帝，上帝已許連肯首。我言寒儒有甚錢，雲間天上買嬋娟。風言不用君金玉，止用君詩一百篇。我言一字千金重，買此蟾蜍欲何用。不如將酒澆我詩，擊玉敲金抱膝頌①。風言曾與月商量，任君減價也無妨。新詩一句亦儘足，只有心事要説出。若是離畢雨滂沱，不得到君安樂窩。藥師亂翻銀河水，霓裳濺沫濕婆娑。我言如此決不許，賣月之言盡虛語。既然有雨不得來，虛室生白誰爲侶。風言有雨我先來，爲君代月掃塵埃。早送百花香滿屋，晚遣松聲團浚谷。一日不見如三秋，豈肯令君自悠悠。我言如此亦暫免，晴日即令懸山巘。照我書房繞我帷，千年萬年屬我來矣鮮。東憑啓明西長庚，風引月來立券成。再三再四囑付月，丁寧聽我結重盟。庾亮之樓莫去，玄暉之庭莫行。仲宣之西園莫照，陸機之北堂莫明。李白若來邀，忙忙往西征。謝莊若來賦，淡淡浮雲生。玉兔爲我搗長生之藥，桂蕊爲我播馨香之名。一段虛明我已買，不放清光下湖海。

---

①頌：萬曆本作"頌"，據道光本改。

◎醉

　　山北山南幽更幽，人間飯熟未梳頭。一生舊事提長劍，八句新詩起短鉤。供奉當年曾作聖，伯倫此際又封侯。即時拜舞騎鴻去，鳳表鸞箋謝日休。

　　皮日休詩云："他年謁帝言何事，請贈劉伶作醉侯。"

◎二蟲詩

蠶

　　繭雖自外織，絲從腹裏抽。人皆穿爾樂，不識爾心憂。

蜂

　　千山萬朵花，五風十日雨。人皆吃爾甜，不知爾心苦。

　　唐人詩云："一將功成萬骨枯。"又盧仝《謝茶》詩云："山上群仙司下土，地位清高隔風雨。安得知百萬億蒼生，命墮顛崖受辛苦。"又辛侍中從文帝射雉，帝曰："樂哉。"辛曰："陛下甚樂，群下甚苦。"《二蟲詩》意蓋本於此，亦猶白樂天之《新樂府》也。

◎將進酒

　　銀潢捲霧飛青霓，惜花攜酒排金罍。冰輪斜伴玉繩低，歡呼起舞枕中雞。丈夫各抱通天犀，安得個個金印如斗蒼頭提。千年夸父雙眼迷，誰挽羲和轡

不西。金谷秋草烏夜栖，來向平原冢上啼。仰觀群烏飛，俯歌將進酒。鶴尊鸞爵呼來澆我談天口，我是人間修月手，應有光芒貫星斗。焉得屑屑去問王康琚，大者朝市小者藪。賢人濁，聖人清，矣鮮與爾有舊盟。北斗七星化爲人，學我快活學不成。我既嬰婉世上應長庚，又何必再論清清濁濁酒之名，且來快活我平生。快活快活來氏子，已知千年萬年不死矣。崑崙崑崙在何處，我將騎鸞直上九萬里。火輪飛焰六龍紫，通明殿閣流銀水，照我詩仙胡至此。錫我从瓊蕊可度之屑，授我以汪氏不死之醴。萬一千年萬年之後白玉樓中隨物化，定配享吾黨李白同祠共宇峨山裏。清風明月來相吊，定請宋玉作傳、謝莊作誄。

◎寄曹荔溪

曉日挂銅鉦，俄爾雲填壑。扶輪自東來，析析成蕭索。鷽彼歸飛鳥，顧疇鳴秋籜。涉江芙蓉老，所思在寥廓。之子去悠悠，三載猶如昨。俯觀瀛海生，忽如過目鵲。大江日夜流，去矣不復却。朱顏尚可酡，白髮終無藥。揆余麋鹿姿，休澣應修薄。自笑屈戟瓠，應難鑽抱枒。子建肆飛藻，玠瓅麗金籰。好借玉鷄毛，捧天鎮六幕。而胡翻采榮，永嘯千仞霍。圓折鬥方流，蓄寶自光爍。既希防露音，終然徵賀若。蟾兔入璇題，洛浦共綽約。夕瀹注金壺，反側紛六鑿。鴛鴦裁合歡，尺寸相斟酌。願隨晨風翼，快此屠門嚼。何時登塗山，談笑傳錯落。寄言遺所欽，搦翰心如籥。師涓久不來，無人奏別鶴。

◎雪 歐、蘇二公禁體

朔風撼山山欲寠，玄石無功一時散（王績字無功）。起來樹上看揣封，地爐艷蟄重添炭。歐蘇二子矜辭華，不持寸鐵以手扞。譬如虢國去夜游，十分嬌媚三分婪。却嫌脂粉遮天仙，淡掃娥眉使人看。我今才薄賴粉本，安得空拳登彼岸。兔園詞人久不來，摘幹四顧起長嘆。不如且去求焦革，將我詩思漫澆灌。一杯方入口，耳熱起微汗。二杯到詩腸，腸中膏肓磊磊落落之泉石，一時起舞通叛亂。要出與雪鬥清泠，爭皎潔，載號載呶相呼喚。詩既狂呼，酒亦無筭，曷筆白戰寫長篇，一句不易，一字不換。果然取雪來相比，我詩清泠皎潔十分全，雪僅得我詩之半。醉後機息臥鑱床，詩魂擁我如雷鼾。翻笑鮑昭有機心，體裁去學劉公幹。

◎寄古建吾 時長沙二府

暢月日初三，瑞葉飄縢六。未集謝莊衣，先零司空谷。念爾去悠悠，伊余空碌碌。羲和敲玻璃，夸父策輪轂。玉兔從東馳，金鴉隨西逐。鸂鶒憶長波，玉鮪思舊匵。何時共霞觴，此日裁雲牘。賈誼才本高，漢文恩亦沃。不得據要津，翻令生華躅。白生元積梅，黃度鍾繇菊。遲速不同時，升沉各有屬。何是陽春歌，誰名激楚曲。宦味即蒲盧，功名同戲局。五白如可呼，七戰亦甚速。綠①綺音更高，紫電光堪掬。思君當雄飛，笑我常雌伏。不求史上青，但願尊中綠。三杯封公侯，一斗騎鴻鵠。湘水多魚胎，衡陽饒雁足。莫惜響瑤華，歸飛慰麋鹿。

◎觀籠鵝放出刷羽泗濱溪中

紅旗白鉞度羼顏，老將騰飛此日還。寄語酒泉舊知己，今朝生入玉門關。

---

①綠：萬曆本作"線"，據道光本改。

池魚、籠鳥，有江湖山藪之思，人情大抵然也，賦之以此。

◎迎窮

　　求溪之峰有千朵焉，厎屬一二，若敦煌匠石所削者。中有浮屠、飛閣，重欒回軒，雲雀矯首，扢太清以混成焉。來子九日，携青州從事，披茅路，捫石廉，直至其巔。跌坐石上，漊中遠徯，八極圍於寸眸，宛然韓仙騎鹿，太華之狀也。俄而崖下鱗鱗獵獵，非烟非霧，若人鶡冠豹履，直達於前。來子曰："何物也。"即長跪於前曰："賤子窮神也。"來子曰："窮有五，惟命窮人多惡之。昔韓子送爾，吾意爾群群居玄瀚之外矣，爾尚在中原耶？"神曰："公誤矣。公豈不見韓子之書乎？韓愈結柳設糗，三揖而送之者，乃我同父异母之弟也，非我也。父姓真，諱宰，字得一。我母陽，弟母陰。我名窮神，弟名窮鬼。弟愛人宮室之美，妻妾之奉，金玉爵禄。我則掌孔門，傳心印，通人九竅，增益人所不能，益壽考。兄弟二人，奉上帝之命，長遨游於江海之間。一日上帝欲唐文之變，憐韓子之才，命弟事之。三上相書，韓子雖每每送之，然奉上帝之命，不敢違也，故事之終身。獨上《佛骨表》之時，弟畏①天之威，躊躇徘徊，乃我主之，更雪中過潮陽，遇其侄於路，此一年則我事之也。千年之後，上帝又憫孔門'格物致知'之學千載不明，絕而未續，又命我事公，今已三十年矣。"來子曰："既三十年，何以家居時不見，而至此見也？"神曰："我雖事公三十年，公日夜惟樂，不以我爲事，故我能入公之身，而不能入公之心，常得公之見，而不能上公之面。今登兹山，攀蘿援藟，手煩足勞，故我方得到公之前而呈其形焉。且公之樂，非絲非竹，非爵非禄，非媛非娬，非金非玉，意者其有所覺悟而樂乎？"來子曰："爾亦知我乎？"神曰："我事公三十年，安得不知公？"來子曰："觀此，爾啓甚於我多矣。韓子送其弟，我則迎其兄焉。"于是即岐趾，

---

①畏：萬曆本作"長"，據道光本改。

卜剛日，築太極之層①臺，豎五性之元府。揚孝弟之華旂，桴忠信之土鼓。齋戒洗心，迎神於求溪，而兼爲之辭曰："繄一氣之構天兮，烟烟洋洋。乃剛柔之變合兮，萬物紛張。鼓動陶鑄而無亭毒之心兮，斜錯塊圠而匪常。胡人性之好炎兮，爾獨蒼蒼而凉凉。不入七貴之宅兮，不登五侯之堂。遇金谷而迴車兮，見郭穴而旋驤。長抱影而娛樂兮，自歌咏乎滄浪。爾之性蓋天下之至衝淡者也。堯舜之時，民安物阜，爾名潛藏。至春秋之時，送孔子於陳，而爾遂傳聞於天下矣。因君子固守之一言，爾之名得孔子而益彰。爾無上兮千桂②，虎豹髳齯淒浽兮暑緯感雩。冷腠骨兮，上不可以栖兮。爾無下兮重壤，潯蠻無極兮仲野游光。傀傀嗤嗤兮，下不可以栖兮。爾無東兮，析木萬里。淅泏訇訇兮，馬銜當蹶兮，東不可以栖兮。爾無西兮，金樞鑣轡。影沙礐石兮，條支衲入③兮，西不可以栖兮。爾無南兮，紅衣之尼嫦㶷兮，楊芒熛而絳天兮，南不可以栖兮。爾無北兮，雁門埒雩。薄草木兮，驚飆飅跼裂肌兮，北不可以栖兮。爾無四没④於中土兮，中土之人千頭萬個。東郭之履長穿，盧仝之屋久破。冬暖兒寒，年豐妻餓。火狐吹焦先之廬，豆稭飄袁安之卧。家無宿舂，門無客過。鶉飛西河之衣，草侵仲蔚之坐。庵庵庴庴，僇僇爐爐，中不可以栖兮。爾惟從我，無上無下，無東無西，無南無北，無四漫之一兮，爾與我攜此一兮。尋顏回之巷兮，簞食瓢飲兮。登孔子之庭兮，仰觀浮雲兮。乃息蔭於孔林之中兮，呼清風而問襟，訴皓月而長歌。歌曰：'洙泗之水兮，清清尼山之雲兮，亭亭美人兮，慰我好音。'於是騎巽二而上開陽兮，度銀灣而弄白榆兮，復趣日觀兮，夐翔陽始隆樸英之津兮，照我翰翰艳艳兮。神兮神兮，與我充塞天地兮。"

---

① 層：萬曆本作"曾"，據道光本改。
② 桂：道光本作"柱"。
③ 入：萬曆本作"人"，據道光本改。
④ 没：道光本作"漫"。

◎雪中寄贈戴念瞿明府

玉燭南箕驚旅客，耕夫處處歌宜麥。希逸月來下夜城，陳思馬入玻璃國。誰人載酒到梁園，買月亭高偏更白。好似安仁去種花，扶疏頃刻長雲霞。河陽一縣增山色，千樹萬樹皆奇葩。又如太山神女嫁西海，瓊孃琪婶相爭嶲。旌旗龍鳳縱橫飛，只畏太師當其宰。詩成玉屑帶冰書，此去憑誰投款乃。一望岑公咫尺間，剡溪何日酒潺潺。翻笑子猷終興少，棹歌何事夜深還。

◎求翁解

來子客求溪有時矣。或時坐溪上之石，或讀書閣中，或溪之人載酒飲于峰上，或尋其洞乃名其石爲求石，閣爲求閣，峰與洞皆以求名之，自名爲求翁。客有游於來子之門者曰："先生不愛不求，今自名爲求，或者不可。"來子曰："心有賓主，所謂不愛不求者，必其有所愛有所求也。使主不能勝賓，又安能不愛不求？今余居此溪，所弄者此之月而已，所吟者此之風而已。夫所弄在月，則所愛在月，所求在月矣。所吟在風，則所愛在風，所求在風矣。則溪也、石也、閣也、峰也、洞也、我也，一也。物我渾化，意象兩忘，以求名我，夫誰曰不可？"客曰："發矇矣。"

古詩 亦名康節體

　　古詩十九首，并蘇李二詩，載在選中，皆三百篇之後四言變而爲五言者。擬古詩者，即其辭而擬之，是即齊奴之鬥富也，殊無意致。余作古詩，乃即其人情物理，有所觸悟者作之。雖與古詩聲調略殊，然可以懲創感發，而其辭亦同古詩之俚也。

◎其一

　　豹死惟留皮，人死惟留名。（王彥章之言。）莫因富與貴，錯用一生心。君子與小人，隔之只一指。差之纔毫釐，失之便千里。長笑老瞞癡，有才又有時。荼路千條苦，繅車萬斛思。此念學周公，伯仲爭驅馳。富貴既不失，榮名亦相隨。而胡冊元茂，覬覦念益滋。雖然鼎足分，終爲他人褫。只緣錯用心，翻爲後世嗤。反手即鳳麟，覆手即蛇虺。不去做聖人，却來做奸鬼。

◎其二

　　醒時醒一醒，悟處悟一悟。一醒兼一悟，便是學聖處。喚醒又不醒，纔悟又不悟。凡夫與俗人，原是自家做。古人有閑處，今人偏自忙。今人有短處，

古人偏自長。聖人一發憤，發憤食便忘。爲甚事發憤，此心長思量。孟子養浩然，至大又至剛。至大在何處，至剛在何方。披荆覓芝蘭，撥雲看三光。今日醒一醒，明日悟一悟。一日復一日，就生登天步。立在崑崙巔，絶目四面顧。下見紅塵起，千條萬條路。

◎其三

大江日夜流，怒馬逐金鴉。人生天地間，塊①若一樹花。時來呈色象，風至委泥沙。又如遠行客，忙忙客路賒。行到天盡處，復還真宰家。高者學聖賢，堂堂成君子。中者飲美酒，磊磊被紈綺。痴者如精衛，木石銜到死。

◎其四

飲食莫太過，太過必破腹。指甲莫太長，一折即傷肉。李斯秉鈞衡，妖狐駕火輪。一飛飛到天，與天相比鄰。一墜墜到地，不得求編民。不如顔駟老，沿牒日碌碌。登天不爲榮，墜地不成辱。

◎其五

君子盡在我，不必求人知。長下如葵心，（《淮南子》：聖人之於道,如葵向日。）一誠戒自欺。因想古聖人，伐木絶糧時。譬之喪家狗，喁喁百般嗤。千載時不同，

---

①萬曆、道光本均爲"塊"，疑是"瑰"字之誤。

況又至今日。子珪豈不才，位不登執戟。君山豈不賢，鎩羽常蹢躅。太宗常有言，此言君須知。待我心肯日，是汝命通時。風送滕王閣，雷轟薦福①碑。一刻不可早，一刻不能遲。梅只可爲梅，棗只可爲棗。酸甜天生定，改變不得了。莫矜我才高，須知他命好。春風一日到，蕭艾亦生藻。卿雲天邊垂，荊棘亦光皎。自家不修德，王侯亦腐草。手中彈綠綺，紳上佩瓊枝。未登和氏場，必有鍾期知。

◎其六

東鄰女聰明，日日理桃紋。翻爲聰明誤，終身不嫁人。西鄰女醜魋，恂愁如聾啞。嫁夫排金門，玓瓅騎驄馬。揚雄著太玄，三都賦亦妍。杜甫成詩聖，太白作詩仙。兔輇落赫蹵，鳳鳴龍亦吼。紫潭偶一滴，一滴即瓊玖。四賢豈不偉，胸臆羅星斗。終身蔭蓬苗，東竄又西走。郭舅蠢於木，金銀堆齊屋。

（元稹詩："東家頭白雙女兒，爲解桃紋嫁不得。"注：余掾荊時，目擊貢綾戶有終老不嫁之女。）

◎其七

百獸愛吞腥，百禽愛啄腐。多者傷罤镞，不爾羅網罟。不見水馬兒，（東坡有《水馬兒》詩。）跳躍弄潺潺。蟬向金虎鳴，悠悠高樹間。惟其無所求，利害不相關。李泌與張良，功成即辟穀。高足策雲霞，繩索不得束。有利必有害，知足決不辱。不須巫咸占，莫向季主卜。

---

①福：萬曆本、道光本誤作"佛"，據文意改。

◎其八

　　天有掠刷司，中設照人燭。知人之怪巧，識人之局促。損人之有餘，補人之不足。有富必無貴，有貴必無富。既富又且貴，壽非金石固。三者若能全，子孫必不賢。四者兼之有，文武方能然。監殷成叛賊，玉環破成玦。遂使東征篇，昭昭登簡册。譬如嫦娥美，要美美不得。三五面纔圓，三五面又缺。茶能醒人性，酒能陶人情。二物日用間，天地不兼生。庖丁善解牛，方皋善相馬。彼此小有名，千年附大雅。猶勝讀書人，沒世無聞者。相馬兼解牛，藝必居人下。

◎其九

　　嫠婦哀夜長，志士惜日短。豈在長短間，一念各有管。孔子齊聞韶，三月無肉味。慧可①欲求法，舉刀即斷臂。味豈不在口，臂豈不在身。此心各有重，臂味何足云。欲要得虎子，須要下虎穴。欲要驪龍珠，須到驪龍頷。霧豹求文章，不食常自苦。犬豕只愛飽，朘朒甘作脯。

◎其十

　　愛者即爲寶，不愛即爲草。愛者是真龍，不愛是蛇蟲。師古只愛畫，一畫千金價。嵇康只愛琴，一琴價千金。貴者雖自貴，我賤一毫輕。賤者雖自賤，我愛重千鈞。務光讓天下，天下即敝屣。王氏鑽李核，李核即羅綺。裸壤售袞

---

①慧可：萬曆本、道光本誤作"惠可"，據文意改。

甫，聾俗奏簫韶。我物非不貴，彼不置毫毛。齊王只愛竽，來者去鼓瑟。彼此不知音，當面成胡越。

◎其十一

婗婗金谷園，樓閣遮天起。一朝天風吹，化作鄱陽水。前人千尺臺，後人平作路。前人十尺墳，後人栽作樹。碑碣終消毀，金石亦不固。誰言自錕鋙，飛薄都成霧。纂纂又離離，一日作枯枝。雍門不曉事，千秋萬歲時。富欲多千箱，貴欲錫九命。杞人日日憂，江淹時時恨。恨者恨成瘍，憂者憂成病。不知成方至，忽爾敗又來。成敗既循環，憂恨何爲哉。

◎其十二

顏回鑄孔丘①，落落陋巷裏。秋風敗叢蘭，三十即早死。鄉人炎涼人，寒儒而已矣。陽貨當其時，言仁必不富。狐質被虎文，赫赫居要路。呼人來與言，氣焰亦可惡。而今較顏回，重淵窺天步。韓愈送窮日，鬱鬱相門間。朝進暮又出，上書叩天關。宰相不垂青，三上亦厚顏。豈知千載後，聲名重泰山。青青十七史，僕射名已刪。死後說文章，生前誇富貴。屈者今日伸，顯者當時晦。

---

①丘：道光本作"子"。

◎其十三

　　世上有一關，原是般匠作。木石甚堅剛，牢固不可破。將軍日守關，呼喝不許過。少年有壯志，不肯關外坐。猛力打一拳，粉碎如着銼。化作清風飛，清風長泠泠。騎起清風去，只到崑崙頂。群仙見我來，瑤漿烹玉鼎。授我長生法，天地同久永。回視關外客，睡着不曾醒。

◎其十四

　　仲尼何處學，只於心上求。心上何處學，撤去心之憂。此心終日想，未曾得停留。又要金銀多，時刻有機謀。又要聲名高，爵位等王侯。又嫌屋矮小，臺榭盡重樓。樓邊要花臺，百花相影樛。又要好美妾，王嬙女之流。又要好田莊，歲歲得豐收。又要有壽考，百福享鼇然。又要子孫賢，富貴長悠悠。朝憂暮亦憂，如狩亦如菟。一日憂一日，春來又復秋。不覺生白髮，甘心鄉人儔。宮墻不得望，安得升仲由。撤去萬般憂，明鏡光瑩瑩。提起鏡來照，仲尼在裏頭。

◎其十五

　　我有一圃花，擢秀長闌竿。春來開桃李，夏至開牡丹。重九菊華黃，冬梅雪共寒。不羨頓有亭，不羨洛中盤。不羨士夫蕙，不羨君子蘭。灼灼順道機，生生未曾殘。人見開得時，都説種花難。問我種花法，我笑不肯言。或言如何醜，或言如何好。或言如何遲，或言如何早。或言如何嫩，或言如何老。彼也費商量，此也犯探討。我言如此說，終是傷於巧。只緣伎倆多，望空猜窈窕。不順造化性，生意翻枯槁。不見種花經，經文一句了。說與種花人，種花只鋤草。

◎其十六

道德天上望，富貴井中思。將此爲功課，時時常念之。堯舜是何人，昭昭在簡策。我又是何人，落落同鄉陌。兩脚登泰山，登登不要歇。一口吞洙泗，牙齦硬于鐵。有衣莫言寒，有食莫言饑。衣食既足用，徙倚相栖遲。有衣既在身，切莫思羅縠。冬月雪霏霏，途人尚跣足。有食既在口，莫言下箸少。猶勝鄰家兒，吃菜也當飽。志士向前行，溝壑任枯槁。咬得菜根斷，萬事一齊了。任重而道遠，貧寒何足道。(此皆數年所集，在求溪者，二三首爾。)

石鼓歌

　　昌黎直指爲宣王之鼓者，以"我車既攻"之句同耳，且鎸石勒成，類非璞瑑之主所能。姬周獨宣王恢復文武之舊，故直信之無疑矣。愚觀石鼓字多泐滅，一圍頑石耳。韓、蘇先後作歌者，重宣王也，然則人可甘爲下流哉？我苟賢，雖枯琴瓦硯，人爭珍襲；我苟不賢，雖隋珠趙璧，人亦莫之問也。嗚呼！一石千年且有屈伸，而人生二三十年之窮通，可置之听豁耶，故學者當自立，不可以窮達移志。

　　辛酉之歲月在午，程生約我觀石鼓。是日歊蒸生微雨，主人檐楹盈桐乳。初觀鼉鼊羅堂廡，怳疑鈁鐼及錡釜。及觀字畫半泐縷，蝦蟆嚙羿妻股。桂華根折枝骶頯，老兔竊藥奔銀浦。媧皇死後少縫補，金樞誰人修玉斧。天仙下海尋天姥，三三兩兩駕飛艣。醉狂帽落衣襤褸，鯨魚驚走蒲牢舞。諸生觀者皆環堵，一笑瘖蟬盼難吐。憶昔岐周開原廡，十亂五臣爭蓳莆。昭穆八駿驅馳苦，龍簴蚪麛巡水府。宣王抗志繩其祖，六月栖栖發兵琥。一時賢相尹吉甫，元老方叔皆良輔。東都百辟羅篸組，會同奕奕光西滸。鎸功勒績破山嵞。陳蓾列路告文武。周道既衰歌皇父，七雄橫戈鬥貙虎。中原戰骨齊天崟，百姓誅求盡梁稌。司爟譴責蒼頡怒，灾及丘墳燒籍簿。從此元元無訓詁，儒術不用用屠賈。此物弃置同罍瓿，霜零雪壓啼鴟鴸。蠧迹蠻痕蟠繡黼。無人愛惜移庵廡。百年瞬息箭到弩，歷唐迄宋鞭飛駏。吉日車攻辭麏麏，句同義合符千古。韓蘇二子文章圃，先後俱信中興譜。殷勤作歌告聾瞽，表章之功不下禹。我生最晚況朽腐，曾廁儒禽結典噩。幸今經術崇東魯，披雲撥霧青天睹。安置妥貼①到橫宇，珍重不啻柏梁柱。當年寶器光媚嫵，天球河圖列行伍。到今都變滄溟滷，東飄西泊

---

①貼：萬曆本作"帖"，據道光本改。

十無五。不如此物罕童羖,千年有客來摩撫。吁嗟!凡物屈伸默有主,人生區區窮通何足數。倘爲賢人縱貧窶,磚瓦砆砎亦良玗。倘成不肖同瓠脯,隋珠趙璧亦草莽。信眉立脚須岣嶁,振衣抖搜𢌞寰宇。堯舜周孔非有□①,赤子良心皆自剖。莫學蜉蝣無腸腑,朝生翅羽暮②泥土。

①萬曆本、道光本皆缺此字。
②暮:萬曆本作"墓",據道光本改。

買月亭稿

◎買月亭

　　買月者，余之詩也，道言也。好事者爲余求溪之峰誅茅成亭，余訂証往日所著《太極圖》并《大學古本》于其中云。

　　山上旋捎茅，溪下旋劊木。加以十餘椽，木盡繼之竹。亦①無龐廒華，高廠凌空谷。好似放翁巢，亦近孝然屋。時有買月人，朗然坐幽獨。手中弄一圓，玓瓅光可掬。好風自南來，與之相馥馥。四顧雲霞高，一笑山水綠。

◎買月亭張成夫臨別索言

　　爲學如燒窑，切不可助長。火候功夫到，烟自生清亮。仲尼到而今，千載道已喪。只因名利關，終日作膨脹。因此自沉溺，墮落深萬丈。仰視魯仲尼，仲尼在天上。不須求花譜，鴛鴦舊花樣。只于心上覓，何處是蕩蕩。

---

①亦：道光本作"不"。

◎送王玄葵游滇海

　　四序相推斥，玄冥乃其冬。萬卉生迴游，惟葵性至忠。嘉穎從翔陽，朝夕相西東。我戀求溪勝，泠①然居其中。買此溪之月，御此溪之風。灑落排冥筌，日日歌桂叢。千山滴涔濱，憐爾遠相從。深夜聽我歌，席釜烹蕢菘。明鐙照張標，五斗又無功。忽忽即相別，送爾過采虹。一壺聊供祖，班荊相從容。我愛點蒼山，此念常恍恍。今日歌驪駒，何時寄騏鴻。玄豹求文章，不食甘九嵕。惟學能染人，甚於丹青濃。去矣崇明德，海日有時紅。還當策高足，獻賦明光宮。勉此玄葵心，廊廟佐時雍。莫學我憨懶，麋鹿臥龍嵷。

◎寄沈梁峨

　　結客當年漸曙星，休文別後幾秋雲。知君詩發千篇艷，笑我居常萬疊青。插柳長成應有傳，種魚生活豈無經。何時得遂山陽願，夜夜梨花繞幔②亭。

◎答劉強齋昆玉書

　　日月成何事，迅速如反掌。河伯從東飛，六龍揚其槳。何時別公非，此際答老強。追笑少年叢，婪尾巡燈幌。廿載猶如昨，令人發孤想。把臂芝蘭英，曙星三五兩。君本紅鷟姿，遞鍾捊高朗。講學入河汾，千載寄遺響。宮牆桃李花，又種嵩峨峠。作偶惠好音，同病憐吾黨。我客求溪久，砧霜忽嚴爽。溪上

---

①泠：道光本作"冷"。
②幔：萬曆本作"慢"，據道光本改。

看紫芝，日共道情長。行雲思故山，抱影時長往。咫尺隔天涯，空咏高山仰。好向山中來，訴月同清賞。

◎雪中邀陳桐崗①、常敦庵二邑博

一夜寒颸屋欲穿，千山瑞葉白于綿。春蟲已撲山人榻，豆秸應侵旅客氈。舞去定隨袁淑馬，興來好放子猷船。相逢此景真堪畫，莫惜橋頭灞上鞭。

◎寄贈謝劉洞衡太守 有序

洞衡公，江海中之心友也。家居時，余曾寄詩云"詩作蛟龍吼，名應蓀蕙香"，載之《釜山稿》中，今已廿年矣。時宦川中，文章政事一時并傳，草木亦知其名。屢吐芳訊，無由晉接。昨以督木經梁，枉寒廬，嘉貺稠疊，適余客萬州求溪，未得晤言，豚書來，令人長嘆，草此贈謝。

湖蜀有兩友，江海只一個。摘毫燦玉花，出口飄金唾。文雅縱橫飛，典墳顛倒剁。還將賈島奴，直追宋玉些。句傳趙倚樓，名重陳驚坐。昔同上國游，兼示惠州和。（公有《和杜集》。）鴻雁天邊翔，麋鹿山中卧。已識成雲懶，非止同農惰。羲和自斥馳，箕斗相料簸。好似馬扔車，真如蟻行磨。悠悠二十年，忽忽朝夕破。王家借真才，甘雨零旱稼。山水頻探奇，（公有《入蜀探奇稿》。）農桑時勸課。客甑久生塵，齋馬長嘶餓。河陽花始開，單父音愈播。宦囊無幾錢，圖書有數馱。景行仰斗山，清風立頑懦。臺省虛東南，潁渤分右左。豈知求溪去，忽爾高軒過。層雲薄高誼，尺璵不足貨。何曾具雞黍，未得解醹餺。思君魂飛揚，令人心折挫。絲桐將欲樹，太容久不作。聊申濡翰情，空將赫蹏涴。邳水

---

① 崗：道光本作"岡"。

歌巴人，燉煌攬斧鉎。瓴甋愧璵璠，羅衫笑樣褃。何時重行行，偶得相吪吪。山中多烟霞，不堪持贈賀。

右公嘉稿，生捧讀，璘瑞耀目。曾欲與公作序文，但余快恬①庵中有禁，不曾作贈文，詩則不論。如不鄙樵人竹枝，即將此俚語附之嘉稿之末，亦即附駔②驥之旄端，軼歸鴻于碣石也。一笑。

十二峰買月道人鄭治生來知德書于求溪買月亭。

◎送渠宗弟薦書入選

一別三十年，恍然如一日。白駒送羲和，儵昱電奔逸。洛犬與衡雁，空如傳命驛。鶺鴒報好音，夜半聲唧唧。把臂成一笑，慰此孤懷怭。媞媞棠棣華，不得種同室。憶昔晤言時，鬢髮黑如漆。不覺到而今，已爲青銅咥。吾宗人多樸，爾猶金玉質。笑我友鹿豕，歌詠長抱膝。一枕羲皇夢，好風時寳篳。道術欲開花，浪傳是七七。此別到何時，何時歸鴻鴶。長安亦不遠，鮮飆常飄颭。人生富與貴，綷杳已默驚。正當清明時，不論崇卑秩。少小讀詩書，匪徒供佔畢。出仕臨民人，物欲在懲窒。二陸與三張，古今亦非一。行矣敦明德，立志須投筆。玓瓅懸家譜，姓名香苾苾。

---

①恬：疑作"活"。
②駔：疑是"騏"字之誤。

鐵鳳稿

◎登鐵鳳山寄傅達吾計部

蒼精矗矗蟠地軸,滿目霜硎排玉谷。翩翩輕飄九阪桐,琅玕遠映三湘竹。南風韶樂近夔城,左皋右稷虞玄穆。鐵鸑銜詔下重旻①,執信秉桓環岳牧。影入巫陽十二灣,雲鬟冷落吹簫曲。楚狂骨朽幾千年,綠綺翻作白頭篇。朝陽客去無消息,滿林鳥雀啄蒼烟。回看浩劫風飄瓦,簹乏承間沉大雅。岐陽花發幾番春,河洛空傳龜與馬。蕊珠仙子隔虹橋,咳唾璀錯成瓊瑤。我來十月十日朝,雲邊遺我金錯刀。剛風吹引步玄璈,捫霧披霞手可招。此間白石可煑,黃雲可燒,胡不同來趺此鳳冠,酌彼瓊醪。天涯一望思滔滔,無窮烟水落霜毫。淋漓醉墨灑靈鰲,山精腦裂鷩蒲牢。太清乘醉訪盧敖,東極西荒海日高。

◎蕩蕩歌②

自嗤自嗤信自嗤,素月流天起微颸。鐵鳳厓𡾰自捪衣,是我來歌蕩蕩時。

---

①旻:道光本避清道光皇帝諱作"宵"。
②萬曆本無此詩,據道光本補。

蕩蕩復蕩蕩，問君是何樣。將手取來看，無形又無狀。泉又達，火又然，一腔春自在，生意時相連。莫從葱嶺過，錯認作光圓。白日喔喔鳴丹穴，百鳥聞之俱腦裂。莊鵬宋鷃摩天狘，千載回視無顏色。蕩蕩歌，如余何？蕩蕩歌，如人何？

◎相士索詩，口頭語與之①

大相相聖賢，小相相臺閣。我有無色相，恐君相不着。大相相萬古，小相相一時。我有無聲相，恐君不得知。大相相乾坤，小相相星斗。我有無臭相，恐君難開口。我相非清奇，我相非古怪。清風吹我裳，明月照我帶。清風與明月，相書原不載。

◎升湫歌 與張生醫者時遇傅太守宅

巨靈喝山山自擘，連峰鋼斷懸孤壁。竅空一曲乳珠泉，雲流日照嶄嵌赤。子和醉後敲素虬，呼童舐筆長升湫。風篴一聲山石裂，時有黃鶴扶青牛。眼看屨步成真樂，異境高懷相婥約。翻笑曹溪一勺甘，歲久自然生築鑿。春風吹杏鳥啼花，巡墻繞屋蒸紅霞。五禽不獨多仙術，一枝猶足慰瘝瘝。人生都欲爲良相，臨關雞犬通奔放。可憐一段活人心，盡爲東華塵隔障②。花間邂逅見高超，刺史風流興更豪。還家若有梅花夢，定在天生月下橋。（張從政，字子和，曾著《六門三法》。）

---

①萬曆本無此詩，據道光本補。
②塵隔障：道光本作"隔塵障"。

◎獨立

松木溝中草氉,松木寺邊人獨立。流雲走霧沾衣濕,十丈龍泉翻雪汁。丈夫砢砢無階級,綠染蓑衣青染笠。君不見,梁山來瞿唐,前年病痁晝臥床。今年病脾藥滿囊,禁檻止盃鬢塗霜。

◎崔二臺進士載酒江邊,席上口占奉贈

人生七十古來少,盡爲浮名驅到老。杜甫憂時夜夜愁,元超舊恨猶難了。宦情多半染髭鬚,紅塵白苧無人掃。羨君平地作神仙,金鼎瑤圖信自然。少年調笑明光賦,盡入馬指齊物篇。憐我栖遲鐵鳳久,拉我江邊芳杜畝。一曲高歌江怪驚,青簾白舫迎紅友。日暮人扶酩酊歸,沙鷗漁子笑殘暉。歡呼但得尊中趣,説甚空中雞犬飛。

◎鐵鳳江邊與高太湖方伯話別

少年談笑看吳鉤,綠樹朱顏映御溝。別來幾換藘蔦葉,不覺星霜已上頭。功名世上無真假,呼盧一擲如奔馬。謇予久著釣竿篇,悠悠誰是知心者。銅雀黃金處處臺,故人書絶令人猜。天涯歲歲王孫草,一腔懷抱對誰開。幾年爾從巫峽去,今日仍從巫峽來。巫峽之水一去不復回,與爾別去二十載之歲月不可挽回者,與此水亦何异哉。我有雲霞萬里脚,年年長被青山約。一筇偶挂聚雲閣,夢中與爾同一酌。叫回紛紛舊六鑿,片片都城弃道屩。挾醉欲騎鐵鳳飛,下視八荒成落寞。

◎朱最峰兩度惠詩扇過獎，草此奉贈，兼致不敢當之意 二首

細雨春城净畹蘭，美人遠遠贈琅玕。官清不獨甘塵甑，句古多應學建安。祇爲泥濘妨馬足，肯將咫尺隔詩壇。去年繪箑猶珍襲，一匣瓊瑤墨未乾。

五岳關心鬢欲皤，一生活計紫芝歌。文光那得高于斗，安樂應知小有窩。苦雨黄梅沿徑落，啼花謝豹背人過。詩成自笑重回首，水碧山青市地莎①。

◎送魏淇竹計部 時集宴達吾宅②

幽居忘歲年，永托山川奥。鐵鳳枕瞿唐，咫尺不可到。一杖蒼龍灣，銀海舒長嘯。美人去殊方，揚舲下一棹。别褵憶悠悠，世故等幻泡。石上破新尊，瑰屑飛二妙。搏沙又飄梗，千金買一笑。醉後清廟篇，餘籟發靈竅。水落石底月，蒼然照我貌。便欲馭天風，同君駕鸞翻。

◎松木溝雜咏

自著漁經二十年，從來不費買山錢。山中醬瓿知多少，安得家家覆太玄。

酒滿春缸花滿枝，自家斟酌自題詩。磬聲敲破無端思，莫遣人間荷蕢知。

十尺清溪三尺波，春風杜若落花多。閒來獨步漁郎月，偶聽滄浪濯者歌。

---

①莎：萬曆本作"沙"，據道光改。
②道光本無此標題。

◎勉愛行送陳西岐還銅梁，便柬張崌崍中丞

　　長風吹雪冰澌澌，溪橋松竹相因依。西岐此去幾千里，雲山忽忽將何之。丈夫出處無平仄，托身大塊須高格。春風偶到孟嘗門，填門光紫排賓客。一日囊空季子金，眼前機杼成羞澀。悠悠世態將奈何，西飛白日生蹉跎。回看匣中三尺水，便是回陽止日戈。別後還當策高足，莫向尊前歌刻鵠。誰道龍州無木奴，春蘭秋菊争遲速。每向銅人問茂先，曾於巫峽見瑶篇。丁香筇竹烟嵐冷①，十二嬋娟亦避妍。爐峰擲地幾千尺，何時詩骨生雙翼。乘槎仙子筆如戟，青天共間題空碧。却恐山靈不相識，先折梅花通信息。

◎青蓮行贈李少泉明府

　　青蓮道士人如玉，鸑詞螭藻高衡麓。郢湄王宋擅文名，千載於今繼芳躅。偶因製錦到鹽叢，隨車膏沃遍花封。花封之人歌李父，詩書禮樂舊文翁。樹蘭剪棘多懷惠，白虹出匣鋥愈鋭。巴川當路重于山，榮名仍復收蒼佩。我生山水是生涯，鐵鳳來看千尺花。豈知都歷山前月，一笑相逢意氣嘉。林下誰人空自老，羨君年少負雄華。丈夫行藏各有主，潁川渤海傳千古。有樹通欲種甘棠，有服定知將豸補。江邊醉後歌青蓮，坐看江水净娟娟。滿城一夜弦聲發，何人不道子游賢。

---

　　①冷：萬曆本作"泠"，據道光本改。

◎賦得有所思一首寄傅達吾

都歷照江江水碧，美人只在千金石。思與美人石上游，捉月輕風生兩舃。白崖炭炭風颸颸，美人只在流杯池。思與美人池上飲，夜闌[①]無酒解金龜。憶昔我來天正暑，小魚彭蠏同烹煮。漁沱沽酒問堆花，得飲忘形到爾汝。今來美人綰銀魚，飄飄黃蓋引高車。相見江邊還一笑，燕南雁北似呵噓。世上功名登九坂，白日紅顏生酢醶。龔牛郭馬誰相傳，又見今人照青簡。有所思，有所思兮思離群，北山南浦隔嵐氛。窗前不待梅花發，入枕神凝即是君。

◎江邊別郭夢菊 四首

巫岫雲霏霏，灔澦石齒齒。細侯昔入夔，在在歌麟趾。玄藻拂榴花，弦歌滿人耳。文翁今重來，風教立頑鄙。崌崍玉壘間，色色妍桃李。而今復何之，令我走江涘。昨夜觀台垣，大雅虛宮徵。

何者為魚目，何者為夜光。何者為燕雀，何者為鸞凰。悠悠天地間，毀譽何滂滂。孔丘千載前，栖栖且彷徨。況今千載後，點白不成蒼。清風吹我巾，明月照我裳。風月知我心，浮雲未足傷。

我有孫枝琴，龍鳳蟠脣足。不向人間彈，往往尋幽獨。朝彈露下松，暮彈月下竹。君侯知我音，五馬來空谷。投我白雪篇，擲我陽春曲。感君纏綿意，徽上寫不出。為君再三彈，再三山水綠。

出門天地寬，江海何縹渺。人爵不足榮，榮名實為寶。自古焦冥飛，長不見鳳葆。黃鵠掠雲霄，屈尾爭池沼。贈君木難華，錯落瑤光草。素志將明德，金石同為老。萬里各分携，瞻望思如擣。

---

①闌：道光本誤作"蘭"。

◎金丹

我有金丹，羲皇親授。尼山日將，泗水月就。無意無象，無聲無臭。實兮今古，虛兮宇宙。清風迎前，明月送後。一朝飛身，簫韶齊奏。鳳凰來儀，麒麟馴囿。呵佛罵老，民安物阜。顛連我持，煢獨我救。江湖舟楫，宗廟俎豆。求丹之初，惟除習舊。養丹之法，不愧屋漏。

◎太白崖歌贈傅達吾民部橋梓

傅有精舍在崖下，鏡湖流杯池，黃魯直石刻，皆古迹也。魯直謂蜀中之勝，莫有長于此者。歌以發之。

剛風夜拂長庚落，螺石江頭爭巇崿。周遭雲母屏如削，直穿霄漢烟霞薄。諸星相從下寥廓，大者象馬小者雀。標顛一望何飄泊，萬點芙蓉生霧縠。一溝冰雪赴大壑，乾坤元氣流斟酌。琪龕貝竇鬼所鑿，羆綠猿玄蟠粉膜。仙人曾此餐靈藥，石髓漸漸飛醴酪。長風扇海搖六幕，菸邑恐終歸隕撲。一朝偶爾騎鐵鳳，嗚然一笑衝冥寞。至今紅塵之子不敢登，登之輕祿爵。我曾輕舉夢三台，驅馳巽二成龍媒。吟魂逍散招之不肯回，乘風偶到小蓬萊。前人游者化于灰，一灣古血生青堆。惟有豫章太史書數字，神呵鬼叱不敢推①。近前欲讀之，蛇蚓嚙蒼苔。傅氏父子兄弟倚馬才，大者甘棠長向西北栽，小者禦梧禁柳繞鸞臺。一時香名滿市槐，綠野堂向此中開。午日寶鏡廠山隈，詩豪棋伯共流杯，赤髭白足相徘徊。占斷太白一崖秀，直與魯直相追陪。頃刻古往即今來，惟有江山不老是仙胎。不知千載之後誰又尋我詩于崖巒，捫蘿緣薈掃塵埃。丈夫得志無窮達，不且與爾長嘯豪吟于斯崖之中，以消磨千古萬古之江山，欲將爲之何哉。寄與猿鶴莫相猜，好破崖中葡萄鴨綠醅。

---

①推：道光本作"摧"。

◎古別離 寄楊作吾,時嶷陽三府

悠悠念往路,四望何寥廓。游子行未行,月上城東杯。仰視日月馳,杯酒猶如昨。夢裏各一方,秋螢滿搖落。怪爾催歸鳥,長如切夢刀。五更到君前,依舊隔雲濤。念子非一身,安得同襦袍。剩有林巒興,不共真珠槽。浮雲自東來,偶然背溪走。迴旋如白衣,倏忽成蒼狗。食蘗與食梅,人見各適口。苦酸止自知,對客不可嘔。我欲登日觀,隨君入嶷陽。飄然王母池,安期共相羊。讀以玉虛篇,飲以紫霞漿。輕風馭兩腋,海岳任翱翔。朝瞿唐兮夕梁父,不作人間別離苦。

◎雙鳥篇 寄誠齋

鐵鳳有雙鳥,生長朱簾涘。一鳥鸞之孫,一鳥鶴之子。羽翼未成時,風巢亦因倚。來往齾雲根,相將啄霜蕊。林薄葱翠多,眷結同心綺。一鳥羽翩長,不生烟火齒。澤國稻粱多,翻厭如糠粃。歸飛雲漢間,長往入濛汜。欲棲扶桑枝,止啄洀滎水。一鳥羈雲羅,手足有所掎。襁褓銜火來,哀號常不已。品類豈不同,羽毛亦相似。天高湯網①疏,應當暗七豕。顧哀此時命,南溟不得徙。二鳥從茲隔,咫尺成千里。一夜腸百迴,纏綿如葛藟。南來有鴻雁,豈無雲烟紙。九關虎豹多,終畏此枉矢。莫羨雉山梁,莫怨鶯栖枳。凡物各有主,坎軻隨流水。屈者有時伸,仆者有時起。仆時何所悲,起時何所喜。聽我嚶嚶篇,詩人有風旨。

---

①網:萬曆本、道光本誤作"綱",據文意改。

◎春燕 二首

一自飛來漢水湄，春風幾度主人知。烏衣國裏波濤闊，紅縷懷中去住遲。但得壘巢猶未破，何嫌鶯隼漫相疑。乾坤浩蕩饒清景，水滿汀洲花滿枝。

懶與長林占一柯，衣冠琴瑟傍行窩。青春有腳家家好，白屋無常處處多。笑我何緣穿冰石，看誰翻見掩雲羅。清時記得呢喃曲，獨對東風發浩歌。

◎酬大池

雷聲忽送牛頭雨，野水遙分燕尾流。好鳥檐前連日噪，故人天外有書投。渥洼羨爾今生駿，溪壑憐誰自狎鷗。到處春深搴杜若，可能無句夢芳洲。

◎白帝城 二首

巫峽雲堆十二鬟，樓臺倒影峽之灣。陰崖亂點龍蛇窟，叠嶂雄封虎豹關。萬里有懷頻極目，百年何事不怡顏。可憐前度杖藜者，衣短鑱長鬢更斑。

今古關河一壯哉，孤城殘堞挂崔嵬。千尋鐵鎖鮫居畔，萬壑雲濤鳥道來。陰雨年年生蔓草，墮碑處處枕莓苔。卧龍躍馬都成夢，只寫清詩伴酒杯。

◎昭君解

　　北風寒月摧胡草，琵琶一曲娉婷老。自甘命薄付紅顏，玉黛金鈿長不掃。（一解。）空斬摸形舊畫師，世上錢神解畫眉。黃金盡處無顏色，佳人妍者自然媸。（二解。）弱質從來逐鷄狗，甘酸苦樂無好醜。長門且欲賦千金，愁人不獨髩胡有。（三解。）尚憶當年鎖暮妝，年年歲歲怨昭陽。身在漢宮如失志，也與胡姬共斷腸。（四解。）

卷五

游華山太和二岳稿

◎登濟渴亭留戲王次宇

千朵瓊峰亭一蝸,白頭僧見問袈裟。回首家山何處是,即看萬壑起雲霞。詩思觸景如奔馬,原來陸羽沉風雅。一望天涯沆茫間,誰是邐邐濟渴者。計別于今二十年,幾度幽思月正圓。寄與王弘舊知己,百壺那得酒如泉。

◎醉卧玉蟾寺 用韵

金鳳峰前夢故鄉,玉蟾宮裹見空王。一灣古木烟霞飽,半榻條風枕簟涼。祇爲青山長作客,翻因白社更添狂。此身却笑如秋菊,歲晚霜寒發异香。

後山如月,故以玉蟾名。前數石瘡眠有殘星之狀,面一峰矗立,林木鬱葱,亦异境也。

◎ 南隆即事

一雨千山萬山秋，遣遣行人爲爾留。欲去不去禩又去，邂逅相逢郭梓州。（郭諱才華，廣南人，梓州博，所著有《梓州問答》。）

樵谷之墓生陳荄，子雲并輈亦堪哀。千年有鶴歸遼海，豈知今日我重來。

走筆栖遲寄玄洞，兼問五華雙鸑鳳。今夕何夕別何時，記得相逢都是夢。

◎ 靈雲洞

洞高廠眺眺，而進其中鬖然不可測，長嬴亦瘮瘭。好事者以石塞之。側①有呂洞賓瓜皮所書之詩，自云"回道人"。後人名其崖爲瓜皮崖。

得，得，得，回視朱明無顏色。飛身只到九萬里，金丹不在梯仙國。得，得，得，無南北。

哈，哈，哈，何物仙家是聖胎。紫霞一飲一千杯，説與世人莫浪猜。哈，哈，哈，騎龍媒。

縈，縈，縈，爾又復何之。三千年之前爾約我飲瑤池，宓妃裂裂吹參差。三千年之後我約爾游須彌，周遭弱水繞金墀。王母蟠桃花滿枝，結實結實當其期。女媧五色補天梯，銀灣此日奇更奇。我騎赤鳳，爾騎黄螭，去矣去矣復何疑。縈，縈，縈，且莫寫瓜皮。

---

①側：道光本誤作"測"。

◎贈別馬玄洞五華昆玉

　　少日相逢花滿簪，而今鬢髮漸鬖鬖。門前種柳應知五，庭外栽槐不止三。笑我青山爲客慣，多君綠蟻拼誰酣。欲猜回首相思處，月滿瞿唐快活庵。

　　千山扶轄卽涔濱，一夜鄉關起夢思。天爲故人須破酒，雨因行客欲催詩。虎頭老去痴愈絕，馬援功成策①更奇。正好留連同嘯傲，新晴前路已清夷。

◎登錦屏山柬陳六亭

　　若有屏兮，巴子之都，錦江之表。愚公移兮，削成熿煌，剗兮天巧。碻磝兮斗折，擎撥兮回島。瑤草蕤兮不忍發，琪樹爛兮飛羽葆。玉虹流兮沃日蕩，雲風渾渾兮來自木杪②。隔江機杼兮天女孫，天涯一望兮青未了。上有娥眉兮素月流天照江皓，下有瞿唐兮十二巫娘爭窈窕。毓人文兮參佽，中有子昂挺出兮腰裏，詩賦兮摩空，文雅兮摘藻。如隨和兮光華流潤，如琴筑兮拗搽繚繞。七辯兮奴隷，三紅兮襁褓。謇予生平兮好奇，長于山水兮探討。望五岳兮趍趲③，憶崑崙兮杳渺。諸山兮跐趨其景，而胡此山兮來之不早。嗟人生兮石火，嘆瀛海兮過鳥。胡不于此兮巢雲，築蝸廬兮風矯。與美人兮容與相羊，長酬短唱兮和之應少。招赤斧兮弦太容，咕麟脯兮設鳳腦。笃誰人兮壤蟲，望八荒兮秋草。

---

①策：萬曆本作"弟"，據道光本改。
②杪：萬曆本作"抄"，據道光本改。
③趲：萬曆本爲墨丁，據道光本改。

◎陳六亭惠詩見招席上用韻贈答

一笈蕭疏候啓明，千山淅瀝滿江城。多君濡翰心先感，笑我邯鄲脚始行。料得陳蕃懸夜榻，端知安石起蒼生。廟廊磊磊經綸事，且借鶯花頌治平。

◎千佛崖用陳玉壘韵 二首①

槁木山前暫卸驂，大雲橋畔入崖探。他鄉懷古雲生屐，吾道經今月應潭。偶見波濤牽一索，即看霜雪飽千龕。塵寰隆替應無限，自是行人不肯諳。

幻崖剝落路層層，野水無心江自澄。花發杜鵑啼寶月，夜闌漁火起殘燈。山中禾黍秋將杪，匣裏雌雄氣欲騰。說與此間頤首客，從來有相即非僧。

◎入棧 二首

一綫巉崖萬尺灘，崖當危處護闌竿。秦關不爲張良絕，曲道翻因李白難。客榻已除三伏熱，秋砧漸搗萬家寒。吟成白雪無人和，挑起青燈只自看。

策馬迂遲沔水邊，登山淅瀝復留連。雞頭黑墨雲垂地，鳥道丹梯我上天。墊角自知成郭泰，乘流誰欲泛張騫。主人不必窮名姓，家住瞿唐十二巔。（鷄頭，關名。）

---

①道光本無此標題。

◎出栈

一崦人家又一灣，傍崖依路水潺潺。穿林雲霧長隨馬，拂面風霾欲撼山。醉裏已游三岔驛，夢中猶記七盤關。飛身出入只如此，好向瀛洲講大還。

◎吊孫肯堂

公在臺中按蜀時，曾贈德"三川高士"扁。

馬蹄迢遞踏秋莎，龍尾烟村迤半坡。太白山前雲欲散，伏波里裏雨初過。故人地下無消息，知我天涯苦不多。挂劍此情應未①了，不堪暝色寫哀歌。

◎登華山用李棠軒韵

捫蘿踏石數山青，好睡仙人卧紫冥。鄉信欲憑巴子月，壯懷可摘大梁星。來尋五粒鞋將破，爲愛三峰戶不扃。一笑天涯何處客，御風駕電自冷冷。

◎毛女峰

阿房宮閣萬年枝，奇怪偏多在望夷。二世已難分鹿馬，六宮安不傍熊羆。

---

①未：道光本誤作"朱"。

時開盦匣思秦闕，偶上峰巒見漢儀。人世幾番滄①海變，誰知松柏是仙芝。

◎蔣家臺阻雨

入晚雨未歇，聲聲滴故鄉。當窗衾覺薄，作客夜偏長。修雷侵檐釜，流波下石梁。鄰家沽②酒得，先請主人嘗。

◎均州阻雨與主人蔣思東

自笑平生爲勝游，避雨仍居百尺樓。殘樹遠隨青嶂迥，寒江晚并白雲流。家山迢遞人千里，客舍蕭疏酒數甌。欲把朱弦彈一曲，子期未必在均州。

◎紫霄宫

窄路自山腰，危樓侵碧霄。風雲蒸巨壑，日月避高標。五炁應無術，三丰不可招。惟同吴別駕，爛醉到通宵③。

---

①滄：萬曆本、道光本誤作"蒼"，據文意改。
②沽：道光本誤作"活"。
③宵：萬曆本作"霄"，據道光本改。

◎太和山

宮殿參差翠欲流，恍疑駘蕩列皇州。人間已見黃金屋，天上虛①傳白玉樓。世變江河皆老佛，時來山岳也王侯。南衡西華諸兄弟，爲甚寒凉自慘愁。

◎澗

諸峰峰麓千條澗，澗裏幽堂有路通。枯木猿聲雲正黑，殘床鶴夢日初紅。采芝客少還青嶂，辟穀人多種白菘。顧我先師傳我訣，仙經不必看參同。

◎太和程道士

太和程道士，淡薄廢人情。笠掛②崖邊樹，床依石下荆。逢人談不死，勸我學長生。送客出林莽，嚶嚶一鳥鳴。

---

①虛：萬曆本作"靈"，據道光本改。
②掛：道光本誤作"排"。

◎下太和山

仄磴斜梯漸欲平,一灣綠樹一溝銀。青羊澗裏雲封榻,黑虎橋邊雨洗塵。暫學陶潛方止酒,翻成張翰偶思蓴。吟成不盡登臨意,兩袖清風又問津①。

---

①津:道光本誤作"律"。

續求溪稿

◎浩然歌 三首

　　我登天兮天不高，一時輕舉漸雲霄。上帝賜我玉鷄毛，授我心印光瑫瑫。扶桑枝下設瓊醪，滿筵佀虓白鳳膏。群仙各佩金錯刀，見我齊奏八琅璈。黔嬴俱列雲漢皋，拍掌笑落碧絲縧。人間何處此豪曹，我登天兮天不高。

　　我涉海兮水不多，騎鸞鞭鳳一時過。上帝錫我金卷荷，授我心印光佗佗。方壺山下設瑶醴，滿筵豠養紫峰駝。群仙各佩紅玉珂，見我齊唱白雪歌。馬銜俱列喬山坡，拍掌笑指燭龍梭。人間何處此隋和，我涉海兮水不多。

　　笑匊笑匊，籛鏗之壽何太蹙，八百年後登鬼籙。我有靈藥自月窟，栽在尼山前後麓。泗水常時來灌沃，心君令如軍令肅。日日不許牛羊牧，數年暢茂高千①屋。連根取來向空谷，去點靈丹丹如玉。服之此心如朝旭，安期浮伯赤斧屬，輪迴之子不敢服。到了而今丹已熟，上天下地隨我欲。我欲登天兮，清風爲其足。我欲涉海兮，明月爲其轂。上帝曰念哉我與爾壽齊天地老，但不與爾位，不與爾祿。笑匊笑匊，籛鏗之壽何太蹙，八百年後登鬼籙。

---

①千：疑是"于"字之誤。

◎書郭青螺督學示諸生四章後

天地萬物，與我一理，本一貫也，性、道、教，特殊其名耳。此理瀰漫六虛之中，始于愚夫愚婦之所能知能行，以至聖人之所不能知行。雖廣博無垠，然與我未嘗二也。人惟牿以有我之私，則二矣，二則充拓不去，一膜之外，便爲胡越。天地賢人方且閉隱，又何以望其位天地，育萬物？惟忠信以日進其德，強恕以日求其仁，則知能之良不至梏喪，滿腔之中皆是惻隱，而天地萬物與我一矣。一則存之一心，莫非親親長長之實理，而足以立天下之大本。達之萬變，莫非民胞物與之實事，而足以行天下之大道，又何所不至，何所不通？而所謂位之、育之者，特舉而措之爾，吾黨不聞此教也久矣。同儕肯將揭示四章心味而身體之，則《大學》之始所謂格致、誠正，中庸之終所謂無聲無臭者，不在簡冊；聖人之所謂一貫者，不在孔子，而皆在我矣。甚勿自諉聖人爲絕學也！

◎答王汝誠

孔子曰："下學而上達，知我者其天乎？"某佩此言，亦不敢爲驚世駭俗之事，惟于日用下學上追討。然所謂下學者，亦非空言，亦非泛言也。惟處己接人，自己覺照，曰："此聲色也，此貨利也，此客氣也。"尋討此三者克治之而已。恐聖人所謂"閑邪"者，不過如此。執事書來，謂"性命之微，無聲無臭"。既曰無聲無臭矣，又何以下功夫乎？又以"飲食男女上做工夫，已落第二義"，此則非某之所知也。禪家分三乘，最上一乘所言大乘不知，大乘所言小乘不知，或者執事乃最上一乘之言也？謹復。

◎遺珠忘者

（陳近夫以近日得忘病，書此與之。）

　　唐人有病忘者，朝之事則暮忘焉，夜之事則日忘焉；行其庭則忘宮室之美，入其室則忘妻妾顔色；人或有忤，則忘其人之姓名；大家巨室則忘其人之崇高富貴而不諂屈；見貨財則忘其藏畜，忘其遺于子孫；處事則忘其軀體，如疣如贅，淡如也。以忘之故貧甚，其妻求醫以療夫之病，累不愈。張説爲相，聞而憐之。有記事珠，玩弄于掌，即能記事，價萬金，遣人遺之。忘者曰："忘固不可，記尤不可。吾鄉有能記者，伶然而憶，欻然而慧。甫八歲，日能記萬言。舉于鄉，舉于朝，官至獨坐。能記書、能記子、史，獨不能記其親，記其君。居家則有私財而忘其親，居國則曠官職而忘其君，日惟聲色、宮室、貨利是記。余之忘，不過忘其日用之常耳，君親大者，念念未嘗忘也。以是而記，不如不記之爲愈。"還其珠於相公。來子聞而嘆曰："此忘者必隱者也，無意、必、固、我之私，蓋聖人之徒也。"繼而來子又悟之曰："惟其能忘，所以不忘；惟其不忘，所以有忘。忘之義大矣哉！"而今而後，始知忘物忘我者而後不忘君親也。忠臣孝子，忘而已矣。

◎病足 五首

自笑生平定脚根，鐵鞋踏破覓天真。應知孔氏傳心印，不與高材疾足人。
花下臺邊一杖前，長安路上久無緣。只惟月屈攀援處，脚踏天根是跛仙。
春日春風歌咏歸，舞雩童冠換春衣。天涯一望蕭蕭客，誰是躘踵誰是飛。
小時去入卞和場，覓得仙家駕鶴方。來往瀛洲惟駕鶴，不須兩脚去奔忙。
回琴點瑟作生涯，泗水春風富貴奢。好笑唐人鐵拐李，草衣木食弄青蛇。

◎楊兩洲臨別索墨迹

此身天地大，而胡居然小。小之却爲何，喪我此至寶。此寶無聲臭，無處可探討。充之塞天地，斂之極微眇。何處可覓之，玄關一句了。西方有妖狐，千年生羽翘。能作人言語，言語過機巧。名爲覓寶人，長途乘驃裏。我奉上帝命，兀然坐山表。舉劍斬妖狐，妖狐化爲鳥。能飛又有文，廖儩蔥窈窕。萬鳥俱從之，咅嘖聚木杪。我聲鳳一鳴，萬鳥裂其腦。

◎答陳近夫

鄙人非不知"致良知"也。但問"致良知"何以下入門功夫耳。自古聖賢未有不苦心曬没者，宰予晝寢，孔子且責之以朽木糞土，未有青天白日止閉目坐而可爲用功者。白日閉目而坐，與晝寢何异哉？恐執事聽古人默坐澄心之言，又聽今日"致良知"之言，未曾自家下手耳。譬之燒丹然，何以入藥，何以封鼎，何以加火，何以温養，未有縮手旁觀而止聽人説者。熟思之。

◎寄周壽齋、冉西陵

注易求溪已十秋，樓臺遲日近丹丘。吳江每問周公瑾，泗水長思冉伯牛。芳草風春生窈窕，遠林夕籟帶喧啾。故人不負山陰興，尋訪寧忘夜泛舟。

◎寄秦獻葵

前年把袂別求溪，又見求溪柳絮飛。笑我支離爲客久，與君傾倒會時稀。山中霧豹知當變，遁者沙鷗只自肥。欲折梅花來寄遠，春風二月已菲微。

◎答吳蒙泉

兄書來，以某"詩似升庵，學似白沙"，誤矣。不知某自比李白，有説，其説亦長也。豈但兄有此疑，即親戚鄉里亦有此疑。①緣某少年妄意發憤聖賢，無傳授，無門路，只得日夜讀書，忘食忘寢，不意偶一日門路通矣。若某與升庵全不同，蓋升庵宰相之子，又大魁天下，偶過涉滅頂，如自天而墜于淵，日日是憂，文章以憂而得之者也。某則蓬蒿之子，平生不以富貴爲事，甘貧慣熟，偶得聞道，如自淵而升于天，日日是樂，文章以樂而得之者也。雖彼此通多讀書，然作用不同。若兄評《將進酒》一篇，評論差矣。某之《將進酒》與李白意向全不同，天淵懸絶。蓋道言"也指冬瓜説葫蘆"，若以唐人之詩求某之詩，不知説甚話矣。故爲白沙之學者，必非升庵之詩；做升庵之詩者，必非白沙之學。言者心之聲，豈有詩自詩而學自學乎？一笑。

◎挽隆見山 有序

見山儀標豐偉，資性純雅。庚辰歲，余客求溪注《易》，適見山豎一書堂于

---

①萬曆本作"豈但兄有此疑，親鄉里亦有此疑"，道光本作"豈但兄疑，即親戚鄉里亦有此疑"，本書據二本改。

樓後，跨樓遠眺①，亦奇觀也。乃邀余飲，懇余筆迹。余書一聯于堂云："白屋三間，退一步愈見超度；青山萬疊，登九仞更覺高明。"自後常載酒買月亭，見余《格物圖》諸篇，肯首嘆服，起立曰："恨未早得拜門下也。"以深山木石鹿豕之中得斯人，亦可謂知我矣。丁亥春，見山游岱宗，余即欲走吊，以病足不能。除夕前二日，扶筇往之，見余筆迹猶如故也，不覺傷悼。仍席上成四韵，書之于壁。

參差樓閣傍溪沙，記得相逢滿樹花。天上又迴新斗柄，堂前猶挂舊龍蛇。殘崖古木啼猿急，野水孤雲落日斜。欲寫當年知我意，不堪拈筆對寒鴉。

◎戊子求溪元日縱筆 十首

流水高山半調琴，琴中白雪幾傳神。翻因注易長爲客，懶把鄉書寄與人。九仞功夫惟一簣，十年心事只三春。乘槎便去騰銀漢，不許張騫再問津。

誰道求溪萬壑中，求溪風味別穹崇。竹垂鸚鵡渾身綠，楓帶丹砂滿面紅。關朗當年原是北，丁寬此日又之東。鳳鳴自是驚凡鳥，未論梧桐與枳叢。

作客青山歲又新，臘梅猶帶舊香魂。鳥銜春色來花塢，風送晴光到我門。共識伏羲文字祖，誰知孔伋聖人孫。幾番獨立通明殿，朵朵紅雲捧至尊。

元日題詩倒竹尊，開尊細論此生心。十年恍若居三島，一刻從來值萬金。春曉倉庚啼淑氣，秋深鴻雁報佳音。尋常咫尺俱成樂，肯學相如賦上林。

春日春山翠欲流，生平學問不悲秋。高門白玉來傳酒，滿席青絲似鬥裘。伯樂有情長顧馬，庖丁無意見全牛。醉酣便拉洪崖袖，橫駕蒼虬去十洲。

□□□□□，□□□□□。②方傾柏葉歡新歲，仍對梅花叙舊年。雪裏誰人知玉馬，眼中何物是金蓮。神仙自古無名位，騎得鸞凰便上天。

我有春情滿壯懷，春情懷抱對誰開。必生芳草傳消息，方遣流鶯說去來。

---

①眺：萬曆本作"跳"，據道光本改。

②萬曆本、道光本皆缺。

紅日幾番輝白玉，赤松今亦變黃梅。天涯元旦探春客，次第商量莫浪猜。

　　蕭蕭竹院淡于僧，懶學人間驥尾蠅。花柳春風一杯酒，樓臺夜月十年燈。溪中童冠將歌舞，匣裏雌雄已蚩騰。耳熱反看真個事，紅霞高照玉壺冰。

　　□□□□□□①，楠毫隨意咏東皇。陽春有脚無貧富，芳草多情第短長。赤鳳從今隨我駕，黃封原不許人嘗。求溪泗水知相接，莫在其中得釣璜。

　　千杯得興六窗呼，自笑平生一事無。偶學屠龍尋水鏡，翻來釣月得珊瑚。南枝漸發春將曉，北斗新迴夜未徂。輕舉他年歸碧落，求溪應畫出關圖。

◎答譚敬所 二首

　　敬所與余別二十年，似不知余所爲何事也，就來書之意答之。

　　注易求溪十二年，兼葭幾度憶留連。風流也近陶彭澤，疏懶多應孟浩然。春老野花眠竹徑，雨餘謝豹挂桑顛。可憐許耳無人洗，誰聽幽蘭月下弦。

　　求峰萬朵插層霄，買月孤亭架半腰。崖下往來惟鹿豕，溪邊問答止漁樵。多君書翰能千里，顧我心情只六橋。無限相思相見意，危欄獨立亂花飄。

◎答陳七峰郡丞 用韵

　　寶瑟朱弦拂雪莊，儀刑②髵髵見玄裳。遼東笑我空鷖白，潁水看誰尚憶黃。春到物華詩覺秀，交于慷慨味偏長。何時共坐松根下，嚼月尌霞夜未央。

　　駁谷蝸廬廠石栖，枯杪野竹與雲齊。春風有脚尋常到，謝豹無心咫尺啼。塞上幾能知去馬，人間誰不愛懸犀。年來最喜忘機事，山自爭高水自低。

---

①萬曆本、道光本皆缺。

②刑：道光本作"形"。

◎答贈郭明府

　　南衡高齊天，西華去天咫。我昔曾游之，今已二載矣。美人坐秋阪，邂逅相徙倚。傾蓋倏忽聞，咳唾亦蘭芷。錫我秋水篇，鑿鑿皆至理。白雲點紅爐，渾然無渣滓。當空鳳一鳴，百鳥聲齊止。日月如跳丸，流易速如矢。昨日在南隆，今朝自建始。鳳鳴本朝陽，復爾暫栖枳。學道則愛人，弦歌今滿耳。有樹種甘棠，有衣補犲史。我客求溪久，孤亭架碕礒。注易于其間，屈指今一紀。磨磚欲成鏡，痴劣應至此。一別各天涯，美人不我鄙。今夕又何夕，飛翰來千里。開械如見面，令我陶然喜。吾道歌嚶嚶，有宮復有徵。感此纏綿意，無由報木李。聊將尺素書，托此溪中鯉。

◎答黎樵石①

　　書來，以朱子"羽翼聖道"苦辛一番，還當以"明德"爲"虛靈不昧"。殊不知道在天地，乃天下之公道也，縱朱元晦生同其時，某此言一出，亦不失爲先生之忠臣直友；況此言不自某出，乃孔子門人之傳，某不過表章之耳。何也？所謂"平天下在治其國者"一節，乃當時孔子親炙門人釋經文"古之欲明明德于天下者，先治其國"二句也。親炙門人已曰"老老長長"矣。故孟子亦曰："人人親其親，長其長，而天下平。"執事從朱子之"虛靈不昧"乎？從親炙門人"老老長長"乎？若從朱子之說，則親炙門人之傳皆不是矣。"明德"冠《大學》之首，所係匪輕。故某常以孟子沒後道喪千載爲可哀者，此也。差之厘毫，謬以千里，執事其反覆思之。

---

①道光本無此篇。

◎用張南軒贈朱元晦首二句起韻贈謝郭青螺

君侯起南服，豪氣蓋九州。云何名爲豪，毅然追前修。斯道日中天，典刑在尼丘。邇來數千年，泗水風颼颼。志士當此時，臨河嘆無舟。鳳鳥久不至，百鳥相喧啾。赫赫聲利場，奔趨速置郵。自非有豪氣，安得挽狂流。有美發靈篇，默契魯與鄒。揭示錦城彦，文翁非所儔。吾道有主張，赤幟飛旗旒。棫棫變人文，舊習倏然瘳。顧我亦何人，藥籠亦兼收。駑馬不堪策，絕塵望驊騮。注易買月亭，于今十二秋。登山不到頂，登之亦何由。掘井不及泉，弃井亦可羞。因之遂久淹，歲月長鷟遒。攬轡校梁山，文光入斗牛。山深道阻長，瞻望空凝眸。君侯起南服，豪氣蓋九州。

◎書便面贈送蔡令長

別時容易會時難，莫把相逢作易看。竹馬今朝留郭伋，蒲鞭何日見劉寬。山中偃卧雲穿榻，天外①懷人月上竿。盧阜此行應不久，台星聚處是長安。

萬里長空一鶴飛，黄鸝紫燕避光儀。小孤楚地應相近，大縣才華更見奇。未折梅花逢去使，欲憑瑤草寄相思。年來注易疏唐律，惟記甘棠召伯詩。

◎梅溪贈周十二

朱明道士愛滄浪，剪裁雲縷舞霓裳。解佩盈盈烟浦上，一聲龍笛度瀟湘。

---

①外：道光本作"末"。

冷①香入夢長樗散，江妃也學梳妝懶。檀郎自作射姑仙，春官一向難勾管。買山不必問西湖，處士之骨今應枯。獨憐芳草拖裙綠，十二蟾蜍夜夜孤。頓有之亭亦草草，鸞翔鳥步江山老。荊璧一時飛上天，暝煙殘日難追討。惟此源泉活潑來，橫枝疏影壓蒼苔。一般清意兩奇絕，短屐長髯只浪猜。有時溪梅忘人我，夾桃帶李種亦可。欲問廣平心上事，不在前溪花旖旎。莫道高標自獨持，芳心只許川流知。那堪一結青青子，還有調羹止渴時。

◎忍

　　人之七情，惟怒難制。制怒之藥，忍爲妙劑。醫之不早，厥躬速戾。滔天之水，生于其微。燎原之火，起于其細。兩石相撞，必有一碎。兩虎俱鬥，必有一斃。怒若攻面，耳熱面赤。忍則解表，冰消霧釋。怒若結胸，霍亂喘急。忍則理中，風光月霽。怒以動成，忍以靜息。怒主乎開，忍主乎閉。方忍之初，止醫怒氣。忍之至再，漸無芥蒂。再之至百，即張公藝。無所不忍，量如天地。有容乃大，必忍有濟。

◎答譚後山

　　千金難博老來閑，爲老題詩寄後山。當日長思杯斝綠，而今不覺鬢毛斑。杜鵑雨久啼千樹，芳草春殘迤一灣。歲月跳丸成甚事，笑誰作客未曾還。

---

①冷：萬曆本、道光本誤作"泠"，據文意改。

◎答方玉岡

　　求溪峰下咏滄浪，赤甲山前寄玉岡。五載別來猶是夢，四明老去更添狂。著書作客時將暮，懷友吟詩夜未央。不識何年能對酒，麥枯啼遍滿村秧。(麥枯，鳥名。)

◎清風兩袖歌，贈蔡令長以繁轉臨川 有序

　　蔡諱思穆，道號熙垣，湖廣攸縣人。

　　高堂簾幕燕新泥，風煖溪橋柳挂絲。纔放小桃紅入萼，正是清風兩袖時。美人少年自高格，紅月手提如琥珀。走馬獻賦明光宮，來宰錦江巴子國。九溪三峽見飛鳧，清秋白日照冰壺。常聞齋馬嘶芳草，不將塵甑羨萊蕪。火齊結緣① 飛泉漱，山陰無事簾垂晝。平常見客似無官，繾綣愛民如有舊。一日偶聞轉豫章，四郊赤子眉齊皺。我之父母欲何之，皇天原不分肥瘦。檢點行囊一物無，惟有清風携兩袖。黃童白叟滿長途，扳轅卧轍如嬰兒。未見狄公當日祀，已成何武去時思。客路春風鶯出谷，鳴鸞文彩當朝旭。九子峰高插笋尖，七澤江深澄鴨綠。清風清風興更嘉，暫時披拂河陽花。方作蘭臺快哉賦，滿城倏爾發天葩。有時清風入豸補，六月嚴霜生柏府。一雨洗清六合冤，攬轡埋輪日未午。有時清風到三台，黃閣傳呼宰相來。帝典王謨虞喜起，皐夔禹稷相追陪。清風清風，我不負爾，爾又何②負於我哉。丈夫出世須皎皎，吃着笑誰問溫飽。幾番獨立崑崙巔，一望天涯何草草。不將紅葉化青龍，却把紫珠彈白鳥。清風清風，侑彼清風酒，彈此清風弦。自古聖賢無貴賤，騎得清風便上天。子游清風既已去，澹臺明月共誰圓。清風清風歌聲倩，采詩何人奏三殿。

---

　　①緣：道光本誤作"綠"。
　　②何：道光本誤作"不"。

三代之正學不明，而孝廉之舉又廢。清風兩袖，聞其語而未見其人矣。令長下車，即以薛公名言置座側，以金玉其身，視民如傷，一介不取。余幸見斯人，以其足以起頑立懦也，故作此歌爲觀風者采焉，爲夔路名宦春秋采焉，蓋即白樂天之《新樂府》、皮日休之《正樂府》也。

◎醉時歌，酬覃葵南

平生不作皺眉臉，逢人每恨杯中淺。斗酒騎鴻便上天，上帝亦知來矣鮮。春風春日百花開，求溪又遇故人來。故人相逢仍一斗，一斗相逢亦快哉。白水青山留我老，三都九辨憐君巧。許多才子赴明光，木難玓瓅如君少。飛身我欲上栖霞，(洞名。)丹成共去服黃芽。殿閣樓臺別有境，莫學人間作小家。此境眼前即欲到，我詩磊磊發靈竅。黃芽服後臉純紅，與君把袂同長嘯。長嘯一聲海月高，月高泗水自滔滔。回首尼山何處是，不知世上何者號嶕嶢。醉時歌，歌罷依然澆斗酒。君不見，李白斗酒詩百篇，大匡小匡今日又生修月手。

◎雪

天王有詔下滕①六，風雲天上隨追逐。俄頃之間世界殊，不覺書齋成素玉。素玉素玉化爲龍，既騎翠竹又騎松。一龍變化承恩詔，千龍萬龍來相從。我詩一見隨龍走，大呼小叫同龍吼。百篇落紙若有神，不必揮毫須斗酒。揮毫落紙句何奇，鬥白爭妍光陸離。蹁躚驟舞千年鶴，窈窕旋生五色芝。駕鶴餐芝從此去，咫尺雲霄風可御。振衣直上泰山巓，壇上還餘舊杏樹。杏樹森森亦可憐，誰知滕六已成仙。天王再詔杲日前，滕六依然詔上天。

---

①滕：萬曆本、道光本誤作"藤"，據文意改。下同。

◎送楊驛宰致仕還楚

終日思歸不得歸，得歸此日似雄飛。一官白首成何事，三徑黃花想漸稀。巫峽夢回家已近，湘江春到鱖初肥。郎君自是雲霄客，且莫溪邊問釣磯。

◎賦得歸去好，送李學博致仕

君不見，鮑老當筵笑郭郎，笑他舞袖太琅璫。當筵之人一并笑，前後左右皆顛狂。及爾鮑老當筵舞，依然舞袖長于組。當筵之人復笑之，齊聲絶倒無賓主。人生通欲舞此場，舞罷方收入篹囊。亘古亘今皆如此，看定不博半幅紙。青蓮道士珊瑚柯，光芒玓瓅燦纖阿。河汾生徒相肩摩，山斗壁立高嵯峨。爾來挂冠反芰荷，山中風味自殊科。二月春草綠如羅，幾群黃犢遍山坡。親朋把酒白玉醅，寬杯大爵面常酡。方修五柳先生傳，忽聽滄浪孺子歌。世間日月疾如梭，石火光華倐忽過。踏翻宦海盡洪波，嘗破春情不在多。人生歸去好，歸去復如何。歸去好，歸去好，香山今又添一老。

◎贈譚二酉赴成都

何時別美人，今日復山嶠。酌酒與美人，美人笑絶倒。偶見鵾鴿飛，變爲和鳴鳥。世味不長甘，或時辛如蓼。世路不常平，或時坡如島。篙師舵在手，風波自是小。惟有達者知，陰晴笑即了。水本向東流，赴西終然少。片雲倐忽生，明月終皎皎。即有照水犀，百怪一齊掃。美人紅鸞姿，致身霄漢早。鄧林有一枝，原是君家寶。蛟龍得雲雨，肯戀此池沼？功名駟馬知，勛業麒麟好。

麋鹿卧長林，笑我其中老。附尾慚先達，橫經共探討。耿雪到紅爐，變化自然巧。贈爾木難華，侑之金光草。搦管拂吟髭，一笑關河曉。

◎雨中留贈譚敬所

故人咫尺隔涔濱，背郭溪橋欲漲時。又是一番留客雨，再題八句贈君詩。謝安終爲蒼生起，王烈多應白石知。莫謂朱弦空浪調，世間亦自有鍾期。

◎贈別徐華陽司馬，感謝之意見乎其辭_{時留駐夔州}

巫峽之水清于油，十二之峰翠欲流。高唐樓觀枕江洲，丁香篁竹風颼颼。少年宰相正黑頭，匡時白筆煥嘉猷。主恩西顧念綢繆，推轂西羌正借籌。五月船樓下益州，雲旌扮列九花虯。鶴膝犇狡十里榴，佩刀鶅鶹江光浮。馮夷江怪潛㨾湫，蒼生赤子遮行騮。謇予自笑眠空谷，不友縉紳友麋鹿。一弄先天宇宙圓，菜根有味過梁肉。幾番親見伏羲來，來往春宮三十六。矮屋誰懸高士名，（時贈德"梁州高士"扁。）松鶴沙鷗個個驚。品題一字知華袞，論價還輕十五城。生平之願今朝遂，不願封侯願識荊。夜夜懷人紛六鑿，飄飄百籟生簾箔。寄詩方染江淹毫，乘風欲駕揚州鶴。勝引何當斗十千，談玄夜午燈花落。豈知閼伯駕火龍，草堂遂禁山人腳。別去瞿唐灩澦堆，小孤大別亦奇哉。晤言促膝知何地，滿腔懷抱向誰開。莫羨東山松菊媚，三台四輔正需才。遭逢禹稷當平世，翻笑陶潛歸去來。

◎書便面贈別馮令長文郎昆玉還宛陵 二首

七月巴川天復漏，媧皇不肯重結構。山深路逸客來稀，獨木柴門掩清晝。有美江南突馬來，翩翩琴鶴令人猜。雙劍倘非牛斗客，千金定是上燕臺。陸家兄弟多詞藻，王氏父子阿戎好。金精玉兔桂香浮，許國承家俱皎皎。箕裘心學本家傳，秋風愈覺壯龍泉。霧拂青山知豹變，春歸綠水聽鶯遷。丈夫出處無平仄，紅鸞翯處長高格。幽蘭且調五根絲，槐市好磨三石鐵。扁舟喊喊下瞿唐，一聲江笛雁衡陽。豐城若遇黔嬴紫，走馬便去獻長楊。通家自此成知己，蜀水揚瀾通萬里。他年隔別寄雙魚，玉堂東閣西清裏。

王喬丹熟爲仙令，驅雞擾雉神明政。夜來惟有雙鳧飛，照人多是揚州鏡。高門于氏有先知，徐卿二子娓然奇①。白鹽赤甲三川遠，愛日瞻雲各有私。正當召伯循行役，又是胡威跪問時。此行無异游蓬島，十二巫雲猶筆掃。霜回七澤雁奴高，波平三峽彭郎小。湘君鳴佩駕青霓，龍女吹簫掉翠鎧。彩筆驚回五色鳥，還家夢繞枕中鷄。二妙翩翩誰不羡，十幅滿帆疾于箭。有日拈毫燕子磯，春深走馬曲江宴。賦終奏入明光宮，詔成捧下麒麟殿。知君健步負年華，此事指掌如揮扇。笑我雙鬢同秋草，聞道當年恨不早。惟有先天一粒丹，不隨東汜西昆老。衡門無事自蕭蕭，寰中何物喚高標。一瓢事業惟知樂，五柳生涯只重腰。題詩遠送路迢迢，何時金玉到漁樵。宛陵若有相思夢，五色桫欏萬里橋。

（峨眉山有五色桫欏樹，呂洞賓詩云"來看桫欏五色花"。）

◎席上口占答梅鳳臺

梅福隔別久，卅載不得見。知在吳市門，相思長一綫。白髮映紅顏，寫字猶葱蒨。日月如穿梭，迅速即謝電。舊歡晨之星，稀疏三五獻。故人偶寄書，

---

①奇：萬曆本作"寄"，據道光本改。

千里如對面。笑我臥山中，白雲長一片。求溪作客久，尋常不到縣。今年六十餘，著書五十卷。聞道長恨遲，忽焉歲已晏。寡過愧未能，早暮思蘧瑗。又爲虛名累，多爲官長薦。何時又重逢，得遂山陽願。口占答故人，趁此秋風便。

◎題得四邑一心篇，贈馮錦橋邑侯榮獎 有序

　　秋天萬里秋色明，秋山靉靉秋水清。廣寒宮闕開水晶，桂香醇醇滿庭生。鐘山美人馮元淑，才華皎皎懸黎玉。少年慷慨赴長楊，紫電烑然光可掬。出宰桐鄉慈愛多，福星燦爛光明燭。冰壺長對金精圓，不獨片言能折獄。王家久任爲真才，豫章借冠仍巴蜀。翽翽一鶴穿巫岑，綠綺修況作龍吟。巴蜀之民反裘久，隨車膏雨即甘霖。四郊赤子歌馮父，山斗仍瞻在士林。一路當塗珍重久，黃鳥時時送好音。十年不論曾三仕，四邑惟知此一心。此心丹訣從東魯，操存長在不聞睹。甘棠也向此心栽，犴服只于胸次補。君不見，河陽一縣花，年來天地亦奢華。農祥時照春幡勝，千樹萬樹蒸紅霞。又不見，中牟雉滿道，前者扔雛後者叫。提罾山童不忍捕，𦜏子餘須成一笑。花可采，雉可呼，眼前景致錦氍鋪，俗吏多于花鳥之上用功夫。粉飾太平塗丹朱，愛民之意秦越疏。豈如明公實政惟在一心裏，學道愛人方如此。百里豈能展驥鞭，鸞鳳端不栖叢枳。明年鳳詔下龍埠，還以一心獻天子。

　　右一心者，一心愛民也。侯歷四邑，一心愛民，惟于心上用功夫。故不粉飾花鳥，聽斷不論權豪，不論契厚，惟主之以理，人以神明服之。考察駐梁，未嘗剝民奉上，歲減民五百金，一字不下鄉落，奸猾潛迹。凡蘭則植之，凡棘則鋤之。人有不及于理者，即責以大義。口之所言，即其心之所存，不藏睚眦之怒。天性類如此，侯蓋光明正直君子也。常對某曰："功名有數，歷官已來，惟不愧此一心耳。"故梁連年旱魃，賴以盜息民安。大哉心乎！利民亦溥矣。德愚劣，喜人講心。茲兩院交旌，因賦此贈之。

◎吴十洲道士索墨迹

　　顔回命短今翻長，洙泗春風日日香。識得孔門真樂事，再短數歲有何妨。伯夷受餓而今飽，高節清風長不老。古來多少醉飽人，黑風吹沙埋腐草。大江之水日夜流，滔滔都去赴瀛洲。海童馬銜長自笑，千溪萬壑不回頭。人生寄世真行客，正如溪壑赴水國。一番波浪一番人，不覺鬢隨波浪白。富貴不怕金堆山，堆山也要歸真宅。王母桃紅如火燒，方朔偷兒去幾遭。偷桃之時誰得見，文人羽客空相高。莫讀抱朴子，世間有生必有死。試問劉安痴不痴，天上那得雞犬飛。

◎壽白崖兄七十五

　　峨峨赤牛城，渫渫沙河浦。兄弟伯仲間，鷗鷺結盟主。日月如跳丸，四時易葏莆。朝露托桐葉，忽焉箭脫弩。吾宗人多壽，或者乃風土。大兄八十三，二兄七十五。猶寫蠅頭字，健步不用拄。少壯仕東南，慨然解簪組。晚年多兒孫，衣冠相接武。弄孫識軒渠，名位當出祖。阿戎灼灼姿，喬梓成仰俯。白髮鹿皮翁，常時揮一麈。栗里有古風，不苟入城府。嘆然無一事，抱膝吟梁父。客或偶爾到，桑麻愛談吐。望杏及瞻蒲，餘須陳馬乳。山肴雜菲薏，誇甚龍根脯。客若半醉時，移席黃花塢。嘔噱諠滿堂，不飲出童豎。何必慕神仙，丹經講龍虎。我客求溪久，六經成網罟。三十方聞道，不羨雞林賈。而今已老大，信步登東魯。今來祝兄壽，兄弟齊歌舞。願兄比南山，橐巢亙今古。酒酣筆如杠，玓瓅書家譜。

◎四時詞 六言四首

溪前溪後雲深，山北山南路古。顔子之瓢惟一，先生之柳有五。
花枝故故披籬，鳥語聲聲入坐。添我本是三分，笑誰只作一個。
黃開三徑之中，白落萬川之裏。或萬或三乃數，能黃能白是理。
仲尼自然愛易，茂叔爲甚尋顔。五色常驚落筆，三餘不肯開關。

◎秦吉齋醉後索墨迹

誓，誓，誓，我亦不知自家樂。十年注易求溪閣，西昆東汜猶如昨。哈，哈，哈，草堂今日故人來。沙尊特爲故人開，眼花傾倒不須猜。皎，皎，皎，幾人白日登蓬島。百歲光陰過目鳥，劉伶已後知音少。

◎游旱田垾至達境寄黃少岷

素節迎飛霜，忽過旱田垾。已至達之境，一溪隔①桑柘。望望山之峰，宛若秦之華。青雲排指出，忽見令人咤。尖者如笋芽，方者如臺榭。指點仙人莊，咫尺山之下。如何至此境，不得相接迓。別去忽幾天，鄙吝復不化。仙家迎鑿落，香□空如麝。笑我□□女，少年不肯嫁。作客求溪久，兀然無春夏。本是懶慢人，似索仙人駕。何必如跳丸，一刻不擅借。住景無金丹，空把三尸罵。提提竹林中，常思嵇叔夜。安得慰相思，千里同命駕。詩成祈合歡，遠意□□□。

---

①萬曆本此字之后部分皆缺，據道光本補。

卷六

優哉閣稿

◎辭官疏

　　爲感激天恩，恭抒誠悃，自分衰朽，不堪職任，懇乞聖明，俯容終老山林以安愚分事。臣由本縣儒學生員，中嘉靖三十一年壬子科鄉試第五名。頻年計偕，屢試屢蹶。因父來朝患足病，母丁氏繼患目疾，臣既鮮兄弟，遂留家侍養未仕。及父母去世，臣雖有欲仕之心，已非可仕之年矣。夫親存，不能仕以養吾親；親没，而竊升斗以養妻子，臣不忍也。既不忍負吾親而徒仕，乃負明時而徒隱，臣不敢也。因思先民有言："未得其位，無所發施，則發明聖人之學，使其教益明，出處雖异，推己及人之心則一也。"臣佩此言，遂將本朝纂修《五經性理大全》日夜誦讀。及讀《周易》，見諸儒皆以象失其傳，不言其象，止言其理。臣愚劣，自知遠不及諸儒，但思《易》乃五經之首，象既失傳，則自孔子《十翼》之後，四聖微言秘旨，已絶二千餘年矣。若不窮究其象，則以訛傳訛，何以謂之明經？經既不明，何以爲士？所係世道匪輕。臣遂客萬縣求溪深山中，反復探索，思之思之，夜以繼日，如嬰兒之戀慈母，數年而悟四聖之象，數年而悟文王《序卦》、孔子《雜卦》，又數年而悟卦變之非。始于隆慶庚午，成于萬曆己亥，計二十七年而後成書。書既成，臣亦自知祖宗以來，列聖相承菁莪棫樸之化，皇上繼紹豐芑熙洽之仁，有一代之聖君，必有一代之經術。天意不借才于异代，故臣得窺《易》于一斑，非臣庸愚自能悟《易》也。譬之鳥鳴于春，蟬鳴于秋，乃天地化育使之如是，非鳥蟬自能鳴也。不然，鳥、蟬天地間一蠢蠢者，安能應期而鳴于春秋哉？臣自《易注》成後，四肢罷敝，萬念灰冷，不復問人間事矣。詎意四川督臣王象乾、貴州撫臣郭子章會薦，蒙吏部題覆，奉聖旨"來知德學行既優，添注翰林院待詔，欽此"。臣一聞報，不勝惶懼。臣章句腐儒，樗櫟弱植，未嘗不講學，而學愧先賢；未嘗不修行，而行猶鄉人。至于"翰林"乃名賢侍從之地，"待詔"尤儒臣極榮之選，臣何人斯，敢覬于此？且臣之齒，今年七十有九，青天蜀道，白首龍鍾，雖犬馬之戀，不敢忘于江湖；而麋鹿之性，終難馳于廊廟。伏望皇王憫臣之老不能出户庭，矜臣之病不能登舟輿。臣未嘗效一日之勞于陛下，不敢虛冒榮銜，容臣仍以舉人終老山林，庶臣于舜日堯天之下，得遂鳶飛魚躍之性，生為聖世之逸民，老非明聖之棄物，臣之榮逾于三接九遷，臣之感誓于魏草楊環矣。

◎辭禄疏

爲湛恩重叠，敬陳謝悃，衰年腐朽，不堪予賚，懇乞聖明，俯允山林便宜以溥洪澤、以光儒術事。臣中嘉靖壬子科鄉試，因親有疾，侍養未仕。不意四川督臣王象乾、貴州撫臣郭子章會薦，吏部題覆，奉聖旨："來知德學行既優，添注翰林院待詔，欽此。"臣一聞報，寢食不安。思臣之學業尚未精檢，臣之行無善可録，遂以臣不堪清秩，難出户庭原繇，陳情上疏。不意吏部題覆，仍以原授職銜致仕，復月給米三石。臣得此報，愈益驚駭。臣之所以辭職者，以臣貧薄之分已定也。今夫聖主之於萬民，猶天地之于萬物也。天地之氣正温厚也，宜萬物無一不長養，而草有夏枯；天地之氣正嚴凝也，宜萬物無一不收藏，而

梅迎雪秀。豈天地之有心哉，物各有分定故耳。臣自壬子科中式，于今五十二年。當少壯，正父母邁疾之時；及衰朽，適聖明恩授之日。當煖而枯，當寒而秀，正類于此。臣雖有《易注》，已叨冒題奏。然螢有火焰，體本寒微，相多聲聞，材原枯薄，其分已定矣。所以將臣不敢受職之衷情，剖心於聖明之前者，此也。今所賜月米，出自宸渥。一粒之米，一粒之珠，臣以無功食之，且恐折福。君以之飽豚生糞，息臣不敢也。臣聞之禮云"長者賜少者、賤者，不敢辭"，此平交之禮則。然若聖明之賜，雷霆之所震動，雨露之所沾濡，光于閭里，載之史冊，傳之古今，豈泛常哉？臣既不敢食，又不敢辭。臣見宋臣范仲淹置田千畝，以給貧族。臣草茅之士，安敢望如古大臣，但臣之良心，與仲淹之心一也。臣願將月米積成義倉，置田數畝，令通族窮民，或遇歲歉，少救一時之貧。或因差役（以下缺）

◎報黃慎軒太史

別後復過求溪半載，四月盡方旋。上疏雖允，仍給月米三石。此時又欲遣小孫謝辭，朝廷之恩，并于覆載，但某不敢當也，辱承翰教云云。相會之期，陰晴未定。金沙公考校枉顧，須搖而別。大抵儒、釋之學皆在於苦，皆在于悟。若不能悟，釋氏雖言不二，猶不能違。此六□也。所謂九衢四照，死火寒灰，鳥聚龍參，張弓駕箭，何處下手駐足哉？故妙處在於悟，悟熟忘言，神而明之，默而成之，即在是矣。所以孔門之學每每不得其傳者，以不能苦，不能悟。讀字忘心，看心失字，安得不東猜西想？可一長嘆。合州周生，乃赤水世家，醫有通神處，茲入□裁。此奉候時趨，不盡欲言。

◎報郭青螺中丞

某少日不揣此心之恂愗，不度山川之遐僻，不顧科目之敍稀，忘①意聖賢，願學孔子者，豈孔有秘傳而某聞於海內之异人哉，時以蹇蹄屢蹶，適父母有疾，不得已而從貧賤之路耳。從貧賤者，非題橋投筆而欲得富貴也，欲從貧賤以成人耳。隋之時舉秀才，文帝開皇六年，普天下止舉杜正玄一人。宰相楊素怒曰："周、孔更生，尚不得爲秀才！"乃復試之。當時秀才之名，其重如此，而豈知千載流芳，乃文中子哉！宋王佐爲榜首，而爲千載大儒者，則五甲朱熹也。王佐之名，翻因朱熹以傳。從貧賤之路者，此心也。當時題"路引"，因詩中有"東海宣尼是引師"之句，故書"願學孔子"四字，以帛繫之於臂。京中會友祖行笑之，歸蜀士林亦笑之，獨門下校蜀，扁茅堂以"明道"，是衆人疑而門下信之也。豈知薦于聖明，以學行之優，添注翰林哉？已知恩深覆載，刻骨難報其萬一。但衰朽龍鍾，縱翰林美秩，亦不能赴也。伏冀垂照，臨楮悚惶。

◎報趙行吾方伯

芳聲苾譽，翕習空谷久矣。某以愚劣之故，客萬縣求溪三十餘年。求溪與楚相近，嶕嶢萬尺，樅檜千章，猿鳥逼人。出入海內大人君子如門下，不得投刺展拜者，坐此故也。前蒙青螺公祖會薦，以燭夜之質，而引之以高岡之鳴，蓋生成之恩也。但某不敢當，一歲於茲，恍然生愧，特遣小孫致謝。詎意門下不鄙雅誼眷睠，歸而諄諄于家庭。匕箸之間，感戴不淺。且承翰教云云。俾今日斯道如日中天者，所教之言也。某少日因父母有疾，復因下第之苦，遂不揣泰山之所以高、東海之所以深，妄意古人，願學孔子。及以此言擔荷于身，無門路可入，遂遠客求溪。孔子說"克己"，即于己上求之；說"格物"，即于物

---

①忘：疑是"妄"字之誤。

上求之；説"三戒"，即于戒上求之。宋儒端坐，某不能坐。説"觀喜怒哀樂未發氣象"，某不能觀。近日之儒又説"心本圓明，無動無静，無體無用，亦無物可格"，某則如牛之於琴，撫之者雖有神女落霞之妙，玄鶴郭門之舞，師襄退舍，伯牙袖手，而牛則蠢然莫知也。惟此心與孔子之言合者則錄，錄之既久，遂成冊集。欲請教于四方，已衰朽矣。門下偶見，可充噱柄，安敢當華衮表章？黔蜀千里，無緣促膝。開府三川，諒不多時，得侍春風，不問季主矣。

◎ 報郭夢菊

庚辰之別，于今十四年矣，言之不覺牽吾吾之思。得丁勺源所帶書，足紉不鄙。書云：《易》"先天""後天"之説，大抵宋儒之《易》，原未分曉。蓋伏羲之圖，《易》之對待；文王之圖，《易》之流行。兩間對待，必有氣流行于其間。使無氣，則乾坤爲死物矣。形氣豈可分先後？此所以知其未分曉也。少年願學孔子，無門路，日夜讀書，乃思宋儒程子、延平都静坐，某亦静坐，三年後自覺流爲禪學。及父母見背，相繼廬墓六年，不韋不櫛，欒欒一瘠夫矣。偶悟格物之物，乃物欲之物。一者，無欲也，格物則無欲矣。孔子"吾道一以貫之"，"所以行之者一"，"天下之動貞夫一"，三"一"字相同，皆祖述堯舜"精一"之"一"。人之物欲無窮，猶江河之就下。若曰物者知之體，知者物之用，不猛然格去，是捧土塞孟津，可笑。

◎報鄭士衡

　　仙里隔梁不遠，久聆芳名，長以不得登通德門爲恨。讀《藏山稿》，如握火齊，不忍釋手。讀《解醆集》，其理明，其氣真，如曰"佞神不如盡人，希福不如安命"，皆名言也。某今年七十有八歲已杪，流光如電，晨星殘月，燭地幾何。孔子之學，同則崇之，異則闢之，此皆門下青年事也。某前在求溪注《易》，海內大人長者，勸我程朱傳注，一字不可易。及見虛齋先生《蒙引》，一字一句皆依《本義》，恰如《本義》爲經，而《蒙引》爲傳也。某見前輩虛齋如此，亦袖手不敢下筆。久之，思索有年，如嬰兒之戀慈母，夜以繼日，一念一刻不忘，遂悟四聖之象，又悟文王《序卦》，悟孔子《雜卦》，悟虞翻卦變之非。四者既悟，則《易》之在手，如庖丁之于牛、丹霞之于佛矣。所以不揣愚劣僭妄成一家之言者，以此。因同志故，以實歷苦語悉言之。大抵學者以無欲爲主，義理見得明，腳跟立得定，不論出仕、隱居，即伸於萬物之上矣。人之知與不知，非所計也。

◎又

　　某一向客求溪，今老矣，歸來諸事猥集。大雅君子，止隔一縣，長以不得摳趨几席請教爲歉。頃承翰示，還惠瑤篇，浩然之氣、皙然之理、斐然之辭，潘江機海，鳳舞龍翔，前輩揚、馬，皆當避席。來春大魁天下，入館閣，覆蜀纈袍，送金蓮炬，乃其餘榮矣。所論聃、竺之教，中原已非朝夕之故。至于今日，聃氏不過奔溪涉澗，至于竺氏，則至于四海，北天墟而東析木，皆其跌塞之地矣。一二高明之士，駕艅艎之舟，立赤幟于其上，海童馬銜之徒復鳴鍠搊謦，吹笙鼓簧，歌舞以唱和之。奈之何兩岸儈人俗子，不瞽其目而聾其耳也。某以井蛙斥鷃之見，加以守株待兔之愚，少日不揣愚劣，願學孔子。今犬馬之

齒已七十有九，晝夜之所講究思維者，獨此孔氏而已。所諭生前營營，身後冀望，某則聆絕四之訓，思慮久不到此矣。

◎寄王柱史

　　王氏青箱，古今盛稱，端臺之家又過之，聞于豹谷久矣，豈有世德天獨厚乎？昨驄馬西來，甘雨隨之，三川爲之清肅，曠世所未見者，蓋近日之獨步也，但不得坐春風爲恨耳。孔子生于山東，祖述堯舜者，祖述其"精一"也。孔子曰"吾道一以貫之"，曰"所以行之者一也"，曰"天下之動，貞夫一者也"，三"一"字皆堯舜之"一"也。宋儒乃解"一"以理，又解以誠，則宋儒原未入"一"字之門矣。孔子因《春秋》五倫不明，祖述堯舜"克明峻德，以親九族，平章百姓"之句，乃曰"在明德，在親民，在止於至善"，曰"明德，即躬行達道也"，曰"親民，即親親仁民也"，曰"止至善，即止仁、止敬、止慈、止孝也"。宋儒乃曰"虛靈不昧"！夫"虛靈不昧"何以明明德于天下也哉？又況格物頭腦功夫，先差矣。孔子《十翼》乃曰："《易》者，象也；象也者，像也。"宋儒以象失其傳，止言其理，則聖學自孔子沒，已絕至今日矣。某棼引之後，雖願學孔子，然愚劣無門路，乃遠客萬縣求溪，十五年而悟孔子之"一"、孔子之"格物明德"；十七年而悟《易經》四聖之"象"。所以著《大學古本》、《格物諸圖》、《入聖功夫字義》諸篇，《易經集注》者，即孟子之"予豈好辨哉，予不得已也"。自意以得傳孔子之心，得侍四聖之坐，老死山林，亦無恨矣，未嘗欲人之知也，豈知海內名公有知之者哉？昨蒙頒以嘉貺，賜以嘉名，伯樂一顧，駑馬已龍媒矣。謹此代面。

◎郭青螺先生諸草序

　　青螺先生宦游海內三十年，所至皆有草。督學蜀時，德廑管窺十分之一。今黔中以全草見示，德喟然嘆曰：先生于道，辟則造物者乎？東皇造物，隨地而胚其物焉，因物而鑄其質焉。徂徠而松，新甫而柏，嶧陽而桐，殊形异狀，爭美競芳。物之不齊者，物之情，而所以物其物者，非物也。惟文亦然。三才皆可以言物，人成位乎中，威儀文詞之有形者，皆物也。而所以根據之者，則德也。孔子曰"君子以懿文德"，曰"文，莫吾猶人也，躬行君子，則吾未之有得"，曰"有其容，則文以君子之詞；遂其辭，則實以君子之德"。執此三說，可以論文矣。今之爲文者，德惑焉，鑿空鍊誕，牛鬼蛇神，陰陽違乎《爻》、《象》，政事違乎《典》、《謨》，情性違乎《風》、《雅》，榮辱違乎《春秋》，和序違乎《禮》、《樂》。其理覿人之目而不可曉；其字唫人之口而不可句。六經之文，孔子所以載道。文不本于六經，何必置之麒間哉？先生之文則不然。爲東西南北之人，則行東西南北之道；行東西南北之道，則泄東西南北之文。其教，其議，其約，其論，其文，其序，其尺牘，其奏疏，皆道不離乎其身，故文不出乎其位。孔子所謂君子之懿、君子之實、君子之躬行，非先生歟！至黔，則忠信行于蠻貊，聲教孚于鬼方。較之陽明先生居夷于風清月朗之際，青螺先生居夷于枕戈被甲之時，難易雖別，而所以行道則一也。昔蘇公步處，後人以蘇步名之。千載而下，黔何緣而得理學名臣二妙步於此地哉！德初讀其文數千言，宛然有同心之臭焉。讀之既久，如餐落英，嚼之而其味無窮焉。總而遍讀之，想其三十年來，道德文章，相爲表裏貫串，確乎如筠如心，貫四時而不改柯易葉焉。分而細讀之，文章枝枝葉葉，散布于天下，以正人心，以維世教，枝可栖鳳，葉可剪圭。指日朝陽，德復見其論道燮理之草焉，曰蟻衣者，謙言也，喻言也。德少日不揣愚劣，願學孔子，耄矣而愧未能，故于同志之文，惟以孔子之言序之。

◎壽誥封中丞郭兩峰翁八十序

青螺先生講文成良知之學，爲海內儒宗，文章功業鳴于一時。平播之明年，適封公兩翁八十初度之歲，搢紳先生獻椿桃、頌岡陵者，詵詵如也。先生歷官三十餘年，聲教所被，遐邇不同。兩翁乃安成隱君子，名不出月旦之外。間有以不知其父，視其子歌頌兩翁者。梁山來子曰：父子一體，家國一機，而所以流通貫徹于一體、一機之間者，則仁也。故仁之于父子，而一國之仁推本于家，知此則可論學矣，可以論壽矣。古之講學立言者，曰"良冶之子，必學爲裘；良弓之子，必學爲箕，察此可以有志于學"。夫鑠物爲冶，裘何與焉？弦物爲弓，箕何與焉？而又何以有志于學？蓋金錫剛物，而冶能使之柔，裘近之，故可以學裘；角幹美材，而弓能使之曲，箕近之，故可以學箕。得其意不泥其象，會其神不窒于形，引而伸之，觸而長之，此不學之學，乃所以深學之者也。故君子察此，可以有志于學。兩翁先生賦性倜儻，方正不隨，動止凝端，議論確實。邑境綠林充斥，令至，驚用軍興法，臠諸富家一切取辦。民間民爭相竄伏，先生伯兄亦在縣中，伯兄倉卒窘甚，計不知所出。先生挺然直前，以身代，匿伯兄於他所，自急難以應令命。令雖苦辱，亦不以爲意。歲旱，流亡籍籍，民間斗米直至百錢。殷充儲須者，坐索直過當，尚不肯發，猶意後有再騰之日。錢癖之情，類多如此。先生乃曰："家有紅腐而野有委骨，仁者不爲也。"悉發倉廩，平其直，復作糜以食不能饘者，所全活者，不知幾千百。夫代兄徭役者，仁也；賑貧起瘵者，仁也，兩翁則不知也。亦猶冶之使柔也，弓之使曲也。乃兩翁人品之高，天資之粹而然也，非預知子孫有開府而設也。及青螺先生被播州之命，繼皮林之征，率熊羆，整鵝鸛，群將護野，諸靈幷戮，不數月而鯨鯢授首。及大兵之後，繼以凶年，藋槐麪蓬，相流離而填溝壑，爲人上者可憫也，□①可懼也。先生乃多方以濟之，發棠施藥，視民疾苦，不啻恫瘝在身，而撫摩鞠育，真有慈母之于子者，而後黔之民昭蘇。兩翁之急難于兄者，今急難于億萬人之兄；兩翁之救饑于一鄉者，今救饑于一省。敦行于天柱、雲亭之上，

---

①道光本此處缺。

而展布于白泥、烏沙之間；講究于家庭匕箸之時，而收功于轅門鋒鏑之日，其舉止措置，宛然兩翁之家法也。父子一體，國家一機，皆仁之所流通貫徹。偉哉！昔文王謂武王曰"夢帝與我九齡"，蓋以壽爲齡也哉。武王應之，不曰齡而曰國。文王曰："我百爾九十，吾與爾①三焉。"後文王九十七，武王九十三，其言皆符。夫人之論壽多矣，洪荒之民近萬者，時爲之也；南陽青城之民三四百者，地爲之也；廣成、喬松之千者，術爲之也。曰時，曰地，曰術，皆有所據之言也，未聞夢寐之間父子可以與壽者，豈經文之言不足信哉？蓋成周以仁立國，自"厥初生民，履帝武敏"以來至文武，上而朝廷，下及閭巷，莫非是仁之所流通貫徹，載之風雅，彬彬可考也。故曰有"關雎""麟趾"之意，而後可以行周官之法度。故和風之所感召，淑氣之所浸漬，夢寐之間，明明赫赫，若或使之，而定父子之壽者此也。夫夢寐可以定壽，況兩翁仁之所發，躬行實踐，鄰里鄉黨皆知之，不問于父母昆弟者乎？則兩翁之壽，不止于八十矣。始知經文所謂冶也、裘也、弓也、箕也、齡也、國也，皆仁發用，喻言之妙也。先生在黔，與諸生講良知，曰慧者乃此仁生生不息，因憂患而出見者也。孔子曰"仁者壽"，蓋萬世之定論也。因以此三字，頌兩翁先生無疆之壽。

◎萬縣令越玉峰考績序

令亦難矣哉。百里内億萬其人，皆寄于一人耳目，以一人而對億萬人，豈皆悃誠而無欺謾者乎？則其難也固宜。僻邑之令，無上下往來，斯寂寂静静。惟路當通衢，事更繁劇，内憂案牘之惱詆，外苦奔忙于賓客，則身心日夕不遑矣。故令難，而衝邑之令尤難也。孔子曰："如有用我者，期月而已可也，三年有成。"曰三年者，虞、夏、商、周之制也。暴風驟雨，必不終朝；潦水大至，故涸可立待；傳舍其官，則秦越其民。定以三年者，所以防其矯志于始，而移節于終者也。故抱瑰偉之才者，不必有陡絶之政，而貴在歷年之久。負經綸之

---

①爾：原缺，據《禮記·文王世子》補。

仕者，非必有張皇之績，而貴有永終之譽。故衝邑難，而考績尤難也。令誠賢矣，三年考績矣。倘三年在于一邑，則優游瀹洽，輕車熟道，易于展布。然令之賢者，當路皆憐之，鄰邑皆慕之。非調于東則轉于西，堂上之坐席未溫，吏民之顏面未熟，山川之險易未明，風俗之淳漓未諳，即調轉矣。而不知所謂循良者，豈朝至其境而暮即可以襲取其令名哉？故非卓奇之才，遒脱之智，止而山岳，動而流雲，取之探囊，應之迎刃者，決不能也。故考績難，而東調西轉者尤難也。有此四難，令其可以易言哉！夔乃蜀之門户，至萬則分一綫之陸于梁山。宦蜀者憚蜀水之險，則喜而趨之。蜀中之邑，衝莫衝于萬矣。越侯黔之世家，甫翁先日宦蜀中江，兄弟叔侄，見在宦途。黔人語曰"無越不開榜"云。初司鐸江安，轉高縣。高乃古夜郎之地，閣梯連珠，非可展驥足之地，乃以繁調萬。侯之理萬也，解煩急以寬大，易苛猛以慈惠。廉以持心，勤以將慎。出先稽程，入無滯案。接士夫以禮，馭吏胥以嚴。視民之疾苦，不啻恫瘝在身，而撫摩鞠育，真有如慈母之于子者。及播州蓬絮之變，蒸徒瘼傷，塗原潤草，地非其地，民非其民矣。設新仁懷，諸皆新附，恩威不可徑施者。兩臺以侯之清才、侯之凤望，議署仁懷篆。侯下車，築城池，建學校，修倉庫，丈田土，新舊之民皆以青天頌之。制臺于遵義鑄銅標，以侯之榮名登于其上，可謂垂光虹蜺，流聲竹帛矣。語曰"新沐者必彈其冠，新浴者必振其衣"，從其新也。三年三易其邑，三新其民，三新其事，侯以一心而三新之。矧高之夷，萬之繁，仁之變，皆極難新者。今事不必其理而自理，民不必其懷而自懷，侯皆以難而處之以易。報政之後，蘭臺柏府不過舉而措之耳。侯于天下事又何難哉！蓋侯精明根于愷悌，果毅出自粹白，故其處常如老將用兵，折衝料敵，不爽尺寸。及爾臨變，如群仙過海，鐵笛波濤，歡笑自如。所謂"左之左之，無不宜之；右之右之，無不有之；樂只君子，民之父母"，非侯之謂與！不佞以注《易》客治境求溪有年，蓋老于治下者，今當報政，李少府際宇問言于不佞。顧侯之德政揄揚不盡，惟以令之"四難"侯獨易，書之以贈。

◎西銘

　　寡欲以養此心，克己復禮以求此心。忠信進德，修辭立誠，如臨深淵，如履薄冰。獨行不愧影，獨寢不愧衾。懲忿窒欲，此心長寡，過而未能，如何應物。則"艮其背不獲其身，行其庭不見其人"，庶幾存吾順事，没吾其寧。若或遁世不見知，又或有喪狗之誚，叔孫武叔之毀，莫怨天，莫尤人。

◎東銘

　　一者，無欲也。格去物則無欲矣。故格物爲《大學》頭腦工夫。無欲則江漢濯之，秋陽暴之，磨不磷，涅不緇，故能配義與道，充塞天地，繼往開來，南子可見，獵亦可較。不知乎此，不過繩趨尺步，澄心默坐，文學而已。故曰"吾道一以貫之"，故曰"所以行之者一也"，故曰"天下之動，貞夫一者也"。

◎花間獨坐

　　靖節歸來一懶人，門栽五柳未全貧。百年心上羲皇易，萬事籬前快活春。黃犢時穿松下徑，白衣偶問石邊津。頭顱也識西施美，樗散無緣去效顰。

◎賦得泰山歌贈謝王部院會薦猥及笑作

兩月陰霏苦不舒，一春門巷客來疏。柴關偶報有客至，云是黔中督府書。開緘捧讀讀未了，滿林猿鶴相驚擾。也知猿鶴新增價，其奈主人歲已杪。歲杪歲杪將如何，酬世無如金卷荷。呼來耳熱面生赤，拈毫便作泰山歌。泰山屹立東海側，諸山雌伏皆臣妾。爭奇鬥秀朝東皇，秦松漢柏圍宮闕。宮闕蓬萊東對西，仙人都傍紫芝棲。仰看天上三光近，俯視人間萬象低。中有一仙王孝伯，雪飄鶴氅自高格。時我登山偶見之，遺我蟠桃王母接。酒酣約我三千年，騎虹齊上峨眉巔。豈知浩劫如朝暮，攜手相逢在眼前。昔時鶴氅成繡補，玉帳牙旗列開府。雄才秋水落丹鉛，處處甘棠頌申甫。鎖鑰聲名霄漢懸，日下經綸自九天。已識尚書司北斗，極知天子眷西川。揆余偃臥長林久，誰料吹噓到皓首。桐花安得當璚瑤，自笑自知顏甎醜。小時記得古人吟，長將兩句佩諸紳。幸逢堯舜爲真主，且放巢由作外臣。泰山歌，泰山歌，歌罷玉壺□①。乘風幾欲朝太清，若木可望不可折。手提紅月滴娟娟，西方空有美人悦。噱絶噱絶，羲皇文字求溪邊，時時化作雲母屑。

◎思美人歌寄郭青螺公祖

北風飄飄苦寒奏，枯林慣與扶輪鬥。忽爾孤鴻欲斷雲，人立梅花月如晝。悵惚已厭百家編，淒清且向北窗眠。一枕青霜壓寒夢，須搖夢到美人前。美人講道追東魯，珍藏不羨鷄林賈。手把瓊瑤琢鳳凰，眼看金碧盤龍虎。百寶爭瞻硩硩光，完名不獨在文章。閟宮清廟需琴瑟，大廈明堂待棟梁。憶昔文星臨巴國，化育菁莪止頃刻。錦江桃李萬樹花，百籍生風日五色。此時我亦坐春風，無奈年光易轉蓬。美人位望南經北，遁者山深秋更冬。節鉞登臺今貴筑，隨車

---
①道光本此處爲墨丁。

膏雨仍分蜀。當年竹馬舊兒童，歡笑細侯新又復。蠻烟銅鼓月蒼蒼，雕弓寶劍夜生霜。材官猛將知多少，輕裘緩帶只尋常。播州醜狻成巢穴，官軍一呼山即裂。虎旅長衝魑魅關，天弧自落旄頭血。蓬絮不復照璜池，家家弓弩化鋤犁。今朝細柳風雲陣，明日成周日月旂。笑我求溪三十載，長林占斷無錢買。朝見文王暮見羲，白髮青燈長不改。已知萬念盡成灰，獨有懷人一竅開。欲樹絲桐情未了，無緣相遇一枝梅。百年鹿豕金蘭友，流水高山知者酒。一夜詩成寄所思，楊衡自笑敲鴉九。

◎贈別任懷陽學博轉德陽令

少年意氣重崑吾，纔見談經即剖符。去路晴烟鶯出谷，向陽文采鳳棲梧。囊開松月多詩賦，簾捲山陰見畫圖。別後相思知蜀夢，芙蓉夢到即成都。

離亭官柳覆深杯，疋馬相行亦壯哉。萬里一琴隨鶴去，九霄雙鳧見鳧來。閭閻長喜循良政，廊廟惟須卓异才。想到河陽春正煖，山城處處百花開。

凍雲欲雪雁差池，握手天涯日暮時。別意陽關惟一醉，親民寰海獨三知。鳴琴曉閣心偏靜，問俗春郊馬自遲。欲向甘棠尋召伯，還隨泉脉訪姜詩。

箕裘家世有淵源，理學名臣覺在先。笑我詩歌慚白雪，知君名節為青氈。三川鼙鼓聲方急，百里瘡痍病可憐。但使武城皆學道，誰人不羨子游賢。

◎倪禺同銓部過求溪，寄詩十首，用來韵奉答

其一①

求溪三十載，吾道自然孤。爲懶尋丘壑，因愚竟腐儒。漁樵俱老友，霜雪滴夅珠。本欲鈎深遠，翻成淺丈夫。

其二

遠客求溪去，求溪近獠邊。霧深惟有豹，水淺更無鯿。身向青山老，心應白石穿。因之見四聖，今古共盤旋。

其三

蝸室開松徑，猶餘半畝蔬。虛名慚海宇，晚節尚陶漁。天上黃扉夢，人間白屋書。主恩同覆載，高厚報何如。

其四

石嵐團野竹，快活自成庵。廊廟皆先覺，尋常自遠潛。天原司富貴，地本缺東南。切莫將圖讖，殷勤去問譚。

其五

釜山原踪絕，才賦擅梁園。年少先登第，謙卑後益尊。樓臺知缺地，桃李已盈門。歷代名臣奏，于今有贅言。

其六

銓管司邦治，求賢賦卷阿。拔茅常得彙，啓事不妨多。功業青萍劍，文章白雪歌。長公諸疏草，軒輊許誰過。

---

①道光本無此標題。

其七

雲母花浮燭，璚筵酒滴珠。門迎金紫客，壽獻海中圖。衡鏡爲仙吏，斑斕舞聖儒。重臺知指日，獨坐更殊途。

其八

洙泗微言絶，群儒各大家。北來南路去，千里一毫差。霜染鵝黃菊，風搖鴨緑芭。當窗誇美色，終是隔窗紗。

其九

空谷稀人到，君來亦偶然。欲同金馬客，且笑野狐禪。榮戮知臨地，逢迎似聽天。相思不相見，撥悶對殘編。

其十

馮唐知已老，李賀幸忘年。伐木今朝咏，通家昔日傳。孟韓推引重，松柏歲寒鮮。何日渝江上，同舟共作仙。

◎蟠龍山送汪崑麓明府以內艱還楚

蟠龍岌岌冠江表，絶壁重岩飛縹緲。九曲黃河天上來，千溪萬壑多環繞。白兔亭前五馬嘶，官橋楊柳風凄凄。扶携老幼空城出，無力扳君馬首西。君侯才名重山斗，楊衡含笑敲鴉九。相將琴鶴下夔州，巧匠旁觀俱縮手。豈知白骨千山腥，六師夜洗巴渝兵。黔嬴忍見王蓬絮，臨衝白日相橫行。自古多勞乃賢者，文臣武將無真假。轅門一日下徵書，屬城今亦鳴斑馬。及爾廟算初辭軒，歸來萬石即騰騫。誰料菖蒩金玉萎，不堪相對哭糸猿。踟蹰安忍照天燭，半年遺愛千秋沃。郭伋會來未失期，何武今去何時復。求溪留我客多年，長林獨少

買山錢。西南正學翻增愧，猿鶴惟誇共懶眠。**輇輇**還鄉歲已抄，來時歡喜去時惱。君侯一別即天涯，流水高山知己少。雲淡斜陽點自悲，何言後夜長相思。西坐蟠龍東望峴，千里雙懸墮淚碑。

◎郭汾源明府以賢聲取入棘院贈別

美人西去長新蒲，一曲驪歌酒滴珠。夢裏青城連白帝，尊前馴雉共飛鳬。官橋細柳催禾黍，客舍蒼烟補畫圖。莫向君平重問卜，賢聲久已遍成都。

◎贈郭明府乃兄文郎至梁

一挑風月自悠悠，蜀水秦山亦勝游。彩服斑斕當曉日，池塘夢寐正新秋。官清閣靜齊嘶馬，邑小弦歌懶問牛。鳴鳳朝陽應不久，五雲天北是神州。

◎夔庠學博文、郭、陳、李四先生梁山考校，適曾孫象鼎入泮，于其歸也，送至蟠龍贈別 四首

蟠龍叢桂鬱岩嶢，一綫澄江下碧寥。地向山腰通桂海，天從石寶挂銀橋。羨君鷞侶長虛左，笑我鷗盟苦見招。浪說廣文官獨冷，蘇湖到處有丹霄。

慷慨相逢劍可知，春深榆柳倒鷗夷。一時賢者俱傾蓋，三峽誰人更索詩。絳帳共看今日樂，河汾方見古來師。舞雩歸去如相憶，縹緲瞿唐即夢思。

紅亭綠樹紫雲堆，岸草汀花別酒杯。却惜丘樊稀會面，可憐廊廟幾掄才。

風高赤甲師資重，月映蓮花宦況開。懷抱濟時知有策，五雲深處是三台。

細石高松傍碧岑，青燈白髮共蕭森。虛名已滿江湖耳，晚節猶堅鹿豕心。帳下憐君餘苜蓿，天邊有客送徽音。別來莫話宮牆夢，遲爾朝陽彩鳳吟。

◎贈送郭明府文郎還秦

宦底斑衣酒正酡，一杯誰勸更關河。望中秦蜀青天遠，匣裏雌雄紫氣多。素月別來蝴蝶夢，暮春歸去舞雩歌。秋高獻賦長楊殿，莫惜音書到薛蘿。

◎寄茶酬李學博，口占茶歌 三絕

愛他生意發萌芽，剖破洪濛得見些。却笑誰人無個事，松間石上味偏嘉。
佛不佛兮仙不仙，人間去問野狐禪。笑看天上小團月，何處人間第二泉。
不羨盧仝能幾椀，非閱桑苧與傳神。別來時日知多少，一見佳人憶故人。

◎贈別郭明府乃弟

携手天涯別不輕，莫辭作客滯梁城。且留魚復秋山興，共聽甘棠夜雨聲。歸路已知三岔熟，晴雲苦憶七嶺行。若尋洞裏幽樓處，白兔黃紳已鳳鳴。

◎贈郭明府乃侄

金風滿路逐鶯聲，柳半橋東送客行。宦裏來時千岫秀，山中歸去一身輕。文章潘岳間多賦，闃寂龐公懶入城。馬首蟠龍分袂處，殘烟疏雨不勝情。

◎一日四樂 四首有序

玩圖

個中原有先天易，壁上新添太極圖。日與庖羲相揖讓，人間那得此凡夫。

右二十年前畫一圖，每日坐蒲團觀玩，如有合《易》處，即起而歌咏，此一樂也。昔陶靖節自謂羲皇上人，故某不肯作凡夫。

登釜山

白雲穿破翠微堆，雲裏蒼松手自栽。大笑一聲天地外，人間何地少蓬萊。

右每玩《易》倦時，即登其上，見白衣蒼狗，不覺一唱三嘆，若《易》理有悟，即手舞足蹈大笑不已。故以釜山比蓬萊，此一樂也。

與兄飲

萬事無心一老翁，兄爲明月弟清風。竹根醉倒雙雙起，風起西方月起東。

右每日設酒請兄，如無肉，或菜或腐，飲間不辭不讓，以醉爲節，雖未嘗學無懷氏之民，而自成其民也。兄弟皆早恬退，不愛不求，故以清風明月比之，此一樂也。

醉臥

竹床頂上覆棕蓑，一枕虛無夢不多。睡覺不知天早晚，數聲牛笛下前坡。

右兄弟醉後各扶于床，不知天壤之間有何事可喜，有何事可憂。平生飲酒，倏而醉，倏而醒，未嘗病酒，此一樂也。

◎聞郭夢菊公轉楚方伯奉寄

昔年同住南山麓，高閣停林看修竹。夜深惠可講慈雲，絕壁泉聲響空谷。別來歲月如浮漚，不覺飄飄十四秋。百年道義憐知己，紫氣空瞻緘斗牛。新恩漢闕還東魯，樓船又向湘之浦。懷人復起白鹽思，得句時看黃鶴舞。洞庭衡岳舊清聲，兒童竹馬素逢迎。不獨山川添喜色，其中魚鳥亦知名。笑我平生不自量，欲到崑崙絕頂上。注易求溪十七年，日與庖羲相揖讓。十翼關心已廢詩，譬之寒竽久不吹。久不吹竽聲轉澀，空將嘉貺欲銘絲。何時霜鉞清西塞，金符玉節驚江怪。一入巫陽生有祠，材官幕客歡遺愛。栗里鷗盟久索居，明春亦欲返蝸廬。莫道天涯音信少，瞿唐多半武昌魚。

◎賀劉太和明府壽 二首

槐花滿院熟金醅，樓閣新成壽域開。百里歡呼歌萬福，五雲縹渺繞三台。攜琴跨鶴長生事，擾雉驅雞濟世才。我亦懸知惟此祝，明年賀客在蘭臺。

慷慨相逢愛濯纓，懸弧此際適朱明。峰高華岳堅仙骨，月白蟠龍洗宦情。四野兒童稱樂只，三川草木總知名。岡陵祝後弦聲發，却把新城作武城。（時劉新改縣。）

◎寄焦學博原梁山學後轉蜀府

蟠龍一別隔丹霄,幾度王門欲訪焦。路邈衡陽原少雁,山深叢桂已鳴蜩。百年注易瞿唐峽,千里懷人駟馬橋。相憶梁園長授簡,好將詞賦寄漁樵。

◎贈別劉太和明府轉襄陽

舊年求溪去,君夫入夔門。今年求溪去,君又轉襄樊。宦轍苦如此,今人不忍言。歲月何相竭,恍然剛一瞥。坐席未成溫,酒杯未成熱。恰如社燕與秋鴻,倏忽相逢又相別。君本吏中仙,鵬圖霄漢大名懸。持此清廟瑟,來試武城弦。弦音如君清,弦長如君直。一清一直間,政事成悃愊。如此悃愊天下無,漢室循良空剄劰。桃花開時我見君,河陽一縣喆莕薰。八月秋高又相見,彭澤菊開更葱蒨。鳳至亭前設土酹,千竿翠竹相扶疏。況有孔融名百斛,談玄講性夜將徂。酒闌之後見二子,雛鳳修翎真可喜。郗林桂發自然殊,仁人有後類如此。襄陽此去亦壯游,輕裘緩帶殊風流。漢水一舟如飄梗,蒲帆猶帶關南影。不惟從此上三雲,來往家山猶便省。少年我亦鹿門來,蹇驢芒屩蒲萄醅。而今回首翻惚恫,篷篷都入莊生夢。何時駕小舟,乘輕颺飄飄。又到習家池,與君登峴山。詩千首,酒千巵,酩酊無所知,不讓山公倒接䍦。千年之後羊叔子、劉伯大,定有連壁榮名挂于峴。我亦因君得美名,名未必有來矣鮮。

◎賦得巫峽篇送王代巡出蜀

君不見,巫峽之水鳥道來,鼓濤飛沫何壯哉。一去瀟湘不肯迴,廣瀉襄陵接上臺。巫峽十二排玄笋，波心影落搖雲鬟。如此峰巒削不成，燉煌巧匠非關蠶。鐵豸班行第一流，隨車甘雨風颼颼。瞿唐月照烏臺曉，劍閣霜飛白簡秋。四月樓船出巫峽，三尺雌雄鳴玉匣。當年桓典總無名，緘緘青箱輝赤甲。黃河泱瀁日瞳矓，驛路旌旄總避驄。正是君王西顧日，封章何以答重瞳。笑我平生如虛艇，茅堂依谷生涯冷。注易求溪十七年，世故人情愈已迥。烟霞四面繞書帷，一曲高歌只紫芝。紫芝歌罷無些事，惟有親身見伏羲。何緣世上人知我，昔日青山計已左。燕市盡稱千里駒，豈識駑駘原蹇跛。千載悠悠聖學孤，潜心理學愧非夫。也知一字榮華衮，但恐千金負畫圖。豐草無緣報木李，欲寫蒹葭惟有紙。天北天南盼望間，泗水尼山幾千里。

◎送馮錦橋還宛陵 三首有序

八月扁舟下宛陵，海門秋色自浮沉。十年汗漫還初服，一徑蕭疏見故林。止惜丹心空許國，從來白雪少知音。滄浪流水仍依舊，清濁惟聽孺子吟。

宦海無人識渺茫，空將事業寄湘鄉。才華此日庖丁刃，蔽芾他年召伯棠。天上浮雲衣復狗，世間岐路短兼長。不如穩坐三三徑，大爵寬杯夜未央。

大小聲華欲奮飛，肯將心事到漁磯。黃花偏益山人壽，綠酒能添遁者肥。歸去陶潜心已遠，老來伯玉覺知非。相思兩地留連處，蜀水揚波各夕暉。

君馮在梁山片言折獄，盜息民安。乃以謗去，惜哉！然世間無公道，有公論，公論之情見乎其辭。他年蘷路之史，此詩存焉。

卷七

大学古本[①]

◎ 大學古本序

　　大學之道，修身盡之矣。修身之要，格物盡之矣。明德者何也？昭明於天下之德也，即五達道也。自其共由於人謂之道，自其實得於己謂之德，自其通於天下曰達，自其昭於天下曰明，非有二物也，一而已矣。觀下文釋齊、治、平，皆以五倫言之是也。不言道而言德者，有諸己而後求諸人也。此正五帝三王以德服人之王道也，非伯者之以力也。若以人之所得於天而虛靈不昧爲明德，則尚未見諸施爲，以何事明明德於天下也哉？親者九族也，民者萬民也，即親親而仁民也。自近以及遠而家而國而天下也，非當作新也，亦非親其民也。止至善者，止於仁、敬、孝、慈、信也。自數字之義不明，聖人修己以安百姓之道荒矣。道喪千載，噫！可哀也，又何望其知格物也！五帝三王之學，皆所以明倫。孔子十五而知志帝王之學。七十子從孔子，問孔子之志。孔子曰："老者安之，少者懷之，朋友信之。"此何志也？即《大學》老老長長、恤孤、平天下

[①]《大學古本》在萬曆本爲內篇之卷三，今據道光本移至外篇之后。

之志也。及哀公問政，乃大人不知大學者。故孔子告之曰："天下之達道五，所以行之者三。知斯三者，則知所以修身、治人、治天下國家。"則明德即達道，不待辨而自明矣。孟軻氏，得孔子之真傳者，故曰"聖人，人倫之至也"，"堯舜之道，孝弟而已矣"，"親親，仁也，敬長，義也，無他，達之天下也"，"人人親其親，長其長，而天下平"。及齊宣、梁惠、滕文公問政，皆以設爲庠、序，"人倫明於上"告之，此皆載之簡冊，自兒童時即讀之。但天下學者，日汲汲於科目，如水之赴海。間有一二高明之士，又馳情於釋氏之空寂，不以身心體認之，以至此義不明爾。格物者，修身之有頭腦功夫也，即告顏子之克己也，即孟子之寡欲也。誠意者，心之要緊處也。物格①則知之至矣，修身則行之盡矣。知至、行盡，天下國家舉而措之而已。春秋之時，五伯迭興，君不君，臣不臣，父不父，子不子，不知明明德於天下也久矣。間有欲平天下者如管、晏之徒，又不知本之五倫，反之躬行。孔子懼，作《春秋》，奪南面之權而不諱。敦典庸禮，命德討罪，無非所以明倫也。孔子没，其徒恐此道久而失其傳，乃筆之於書，引五帝三王之《詩》、《書》以爲証，豈知千載之後字義猶不明也哉。噫！可哀也！秦、漢、唐已來，聖人之道渾如長夜。至宋，河南程氏取而表章之，朱子乃爲之注，可謂有功於聖門矣。但以明德爲虛靈不昧，以格物爲窮至事物之理，不免失之支離。至我明，陽明王氏崛起浙中，以此書原未錯簡，朱、程格物不免求之於外，可謂有功于朱、程矣。但仍以明德爲虛靈不昧，而教人先於悟良知，則又不免失之茫昧。支離、茫昧，雖分内外，然於作聖功夫入手之差者則均也。德以未仕，山林中潛心反復二十餘年，一旦恍然有悟，懼天下之學者日流而爲禪也，乃書數條於《大學古本》之後。極知愚劣，不足爲程、朱、王三公之直友，但學者能以身心體認之，則於國家一道德以同俗之教化，未必無小補云。

萬曆乙酉十月望日，後學梁山來知德書。

大學之道，在明明德，在親民，在止於至善。知止而後有定，定而后能静，静而后能安，安而后能慮，慮而后能得。物有本末，事有終始，知所先後，則

---

①物格：道光本作"格物"。

近道矣。古之欲明明德於天下者，先治其國；欲治其國者，先齊其家；欲齊其家者，先修其身；欲修其身者，先正其心；欲正其心者，先誠其意；欲誠其意者，先致其知。致知在格物，物格而后知至，知至而后意誠，意誠而后心正，心正而后身修，身修而后家齊，家齊而后國治，國治而后天下平。自天子以至於庶人，壹是皆以修身爲本。（自天子至末，乃應"物有本末"一條。）其本亂而末治者否矣，其所厚者薄，而所薄者厚，未之有也，（厚是親，薄是民，言不能老老、長長而欲天下興孝、興弟者，無是理也。若以"虛靈不昧"來説，所厚者薄，説不通矣。）此謂知本，此謂知之至也。（爲學之功，知至行盡而已。格物固知之至矣，使不能體之於身，猶不可以言知之至也。今至於修身，則行之盡矣，豈非知之至也哉。）（此正是結上文。）

○所謂（既提"所謂"，當加一圈。）誠其意者，毋自欺也，（誠意功夫只在格物，所以只講格物不言致知，以致知不可用功也。）（誠意之功，不外格物，既格物，則明德、親民、止至善皆在其中矣。故復以明德、親民、止至善繫于誠意之下。）如惡惡臭，如好好色，此之謂自謙，故君子必慎其獨也。小人閑居爲不善，無所不至，見君子而後厭然，掩其不善而著其善。人之視己，如見其肺肝然，則何益矣。此謂誠於中，形於外，故君子必慎其獨也。曾子曰："十目所視，十手所指，其嚴乎！"富潤屋，德潤身，心廣體胖，故君子必誠其意。《詩》（自《詩》以下，直至"此謂知本"，反復只論格物之功。能格物，即能修身，能修身，則能化民。左來右去是此意。）云："瞻彼淇澳，菉竹猗猗。有斐君子，如切如磋，如琢如磨。瑟兮僩兮，赫兮喧兮。有斐君子，終不可諠兮。""如切如磋"者，道學也。"如琢如磨"者，自修也。"瑟兮僩兮"者，恂慄也。"赫兮喧兮"者，威儀也。（道學、自修者，知行并進之功也。恂慄[1]、威儀者，表裏交修之功也，非德容表裏之盛也。）"有斐君子，終不可諠兮"者，道盛德至善，民之不能忘也。《詩》云："於戲，前王不忘（此"忘"字從上"忘"字來。）！"君子賢其賢而親其親，小人樂其樂而利其利，此以没世不忘也。《康誥》曰："克明德。"《太甲》曰："顧諟天之明命。"（"克"字、"顧"字皆"格"字也。）《帝典》曰："克明峻德。"湯之《盤銘》曰："苟日新，日日新，又日新。"（"新"字皆"格"字也。）《康誥》曰："作新民。"（"新"字從上"新"字來，所以不可以"親"作"新"。）《詩》云："周雖舊邦，其命維新。"是故君子無所不用其極。《詩》云："邦畿千里，維民所止。"《詩》云："緡蠻黃

---

①慄：道光本誤作"慄"。

鳥，止于丘隅。"子曰："於止，知其所止，可以人而不如鳥乎？"《詩》云："穆穆文王，於緝熙敬止！"爲人君，止於仁；爲人臣，止於敬；爲人子，止於孝；爲人父，止於慈；與國人交，止於信。子曰："聽訟，吾猶人也，必也使無訟乎！"（修身化民，至於無訟，則老安少懷，天下太平矣，此正民①德、新民、止至善也，故結以此。）無情者不得盡其辭，大畏民志，此謂知本。（"知本"又應前。）（修身已前，雖有格、致、誠、正四件，然屬之身心皆求諸己之事也，故獨以誠意起之。修身以後則有國家天下，故各開其類。）

〇所謂修身在正其心者，身有所忿懥，則不得其正；有所恐懼，則不得其正；有所好樂，則不得其正；有所憂患，則不得其正。心不在焉，視而不見，（視不見者，即"仰面貪看鳥，回頭錯認人"也。）聽而不聞，食而不知其味。此謂修身在正其心。

〇所謂齊其家在修其身者，人之其所親愛而辟焉，之其所賤惡而辟焉，之其所畏敬而辟焉，之其所哀矜而辟焉，之其所敖惰而辟焉。故好而知其惡，惡而知其美者，天下鮮矣。故諺有之曰："人莫知其子之惡，莫知其苗之碩。"（莫知子之惡，之所親而辟也。莫知苗之碩，之所愛而辟也。）此謂身不修不可以齊其家。

〇所謂治國必先齊其家者，其家不可教而能教人者，無之。故君子不出家而成教於國。（明德。）孝者，所以事君也；弟者，所以事長也；慈者，所以使衆也。《康誥》曰："如保赤子。"心誠求之，雖不中，不遠矣。未有學養子而後嫁者也。一家仁，一國興仁；一家讓，一國興讓；一人貪戾，一國作亂，其機如此。此謂一言僨事，一人定國。堯、舜帥天下以仁，而民從之。桀、紂帥天下以暴，而民從之。其所令反其所好，而民不從。是故君子有諸己而后求諸人，無諸己而后非諸人。（必有諸己而后可以求諸人，若以"虛靈不昧"，學者當因其所發而遂明之，何以求諸人哉。）所藏乎身不恕，而能喻諸人者，未之有也。故治國在齊其家。《詩》云："桃之夭夭，其葉蓁蓁。之子于歸，宜其家人。"（明德。）宜其家人，而后可以教國人。《詩》云："宜兄宜弟。"宜兄宜弟，而后可以教國人。（明德。）《詩》云："其儀不忒，正是四國。"其爲父子兄弟足法，而后民法之也。此謂治國在齊其家。

〇所謂平天下在治其國者，上老老而民興孝，（明德。）上長長而民興弟，上

---

①民：疑作"明"。

恤孤而民不倍，是以君子有絜矩之道也。（有物欲在心，决不能行絜矩，故先于格物。）所惡於上，毋以使下；所惡於下，毋以事上；所惡於前，毋以先後；所惡於後，毋以從前；所惡於左，無以交於右；所惡於右，無以交於左；此之謂絜矩之道。《詩》云："樂只君子，民之父母。"民之所好好之，民之所惡惡之，此之謂民之父母。《詩》云："節彼南山，維石岩岩。赫赫師尹，民具爾瞻。"有國者不可以不慎，辟則爲天下僇矣。《詩》云："殷之未喪師，克配上帝。儀監于殷，峻命不易。"道得衆則得國，失衆則失國。是故君子先慎乎德。（又言明德。）有德此有人，有人此有土，有土此有財，有財此有用。德者本也，財者末也。外本內末，爭民施奪。是故財聚則民散，財散則民聚。是故言悖而出者，亦悖而入；貨悖而入者，亦悖而出。《康誥》曰："惟命不于常。"道善則得之，不善則失之矣。《楚書》曰："楚國無以爲寶，惟善以爲寶。"舅犯曰："亡人無以爲寶，仁親以爲寶。"《秦誓》曰："若有一个臣，斷斷兮無他技，其心休休焉，其如有容焉。人之有技，若己有之；人之彥聖，其心好之，不啻若自其口出。寔能容之，以能保我子孫黎民，尚亦有利哉。人之有技，媢疾以惡之；人之彥聖，而違之俾不通，寔不能容，以不能保我子孫黎民，亦曰殆哉！"惟仁人放流之，迸諸四夷，不與同中國。此謂唯仁人爲能愛人，能惡人。見賢而不能舉，舉而不能先，命也；見不善而不能退，退而不能遠，過也。好人之所惡，惡人之所好，是謂拂人之性，菑必逮夫身。是故君子有大道，必忠信以得之，驕泰以失之。生財有大道，生之者衆，食之者寡，爲之者疾，用之者舒，則財恒足矣。（用賢理財，皆本於格物。）仁者以財發身，不仁者以身發財。未有上好仁而下不好義者也，未有好義其事不終者也，未有府庫財非其財者也。孟獻子曰："畜馬乘，不察於鷄豚；（格物。）伐冰之家，不蓄牛羊；百乘之家，不蓄聚斂之臣。與其有聚斂之臣，寧有盜臣。"此謂國不以利爲利，以義爲利也。長國家而務財用者，必自小人矣。彼爲善之，小人之使爲國家，菑害并至。雖有善者，亦無如之何矣！此謂國不以利爲利，以義爲利也。（臨尾又以義利言，左來右去只要人爲善去惡，格物之功，至此端的矣。）

◎ 德

○德者，得也，以五倫體之於身，躬行心得也。即下文言敬止、仁敬、孝慈、信之德也；言齊家、孝弟、慈之德也；言治國宜家人、宜兄弟父子、兄弟足，法之德也；言平天下、上老老、長長、恤孤之德也。（"德者，得也"一句見《樂記》。）

◎ 明德

○此五倫在天地間昭如日月，以置立言，置之而塞乎天地；以縱橫言，溥之而橫乎四海；以悠久言，施之後世而無朝夕。人人不可離，家家不可背，乃明白顯然之事，非索隱也，非行怪也，故謂之明。

○此明字對暗字而言，若釋氏講空虛，講陰間地府，講前生後世，講六道輪迴，則皆幽暗之事，人目所不見，不得謂之明矣。

◎ 明明德

○上明字即"人倫明於上"之明。《書》曰："克明峻德，以親九族，九族既睦，平章百姓，百姓昭明，協和萬邦。"孔門下此明字，蓋本於《堯典》"克明"之明也。又司徒"明七教以興民德，齊八政以防淫，一道德以同俗"，明者，即此"明七教"之明字也。七教者，父子、兄弟、夫婦、君臣、長幼、朋友、賓客也。民德者，即此明德之德也。

○若依注中"德者，人之所得於天而虛靈不昧，以具眾理而應萬事者也"，學者當因其所發而遂明之，如此解全在心上去了，未見之施爲，何以能明明德於天下哉？何以能先治其國哉？"民可使由之，不可使知之"，若以我之所得於天、虛靈不昧爲德，是欲使民知之矣。天下豈有許多聰明百姓也哉？況下文明說"宜其家人而后可以教國人，宜兄弟而后可以教國人"，又何以爲虛靈不昧？

〇明明德即修身也，即有諸己也。古人有言曰："紫衣賤服，尚化齊風，長纓鄙好，且化鄒俗。"爲人上者，況以五倫躬行實踐，而天下有不化也哉？若所令反其所好，民即不從矣。

〇以古人修身、明明德言之，如："思齊（齋）太任，文王之母。思媚周姜，京室之婦。惠于宗公，神罔時怨，神罔時恫。刑于寡妻，至于兄弟，以御于家邦。雍雍在宮，肅肅在廟。不顯亦臨，無射亦保。肆戎疾不殄，烈假不瑕，不聞亦式，不諫亦入。"此修身齊家也。又："文王之爲世子，朝于王季，日三。雞初鳴而衣服，至于寢門外，問內豎之御者曰：'今日安否何如？'內豎曰'安。'文王乃喜。及日中又至，亦如之，及暮又至，亦如之。其有不安節，則內豎以告文王。文王色憂，行不能正履。王季復膳，然後亦復初。食上，必在，視寒煖之節，食下，問所膳。命膳宰曰：'末有原。'應曰：'諾。'然後退。武王帥而行之，不敢有加焉。文王有疾，武王不說（脫）冠帶而養。文王一飯，亦一飯，文王再飯，亦再飯。"此修身齊家也。如此修身齊家，豈不化行南國？

〇學者只將《周南》、《召南》熟看，就看出明德、親民、修身、齊家、治國、平天下氣象出來了。故曰："人而不爲《周南》、《召南》，其猶正牆面而立也。"

〇以古人"明明德於天下"載之於經者言之，如曰"百姓不親，五品不遜，敬敷五教，在寬"，故"有虞氏養國老於上庠，養庶老於下庠。夏后氏養國老於東序，養庶老於西序。殷人養國老於右學，養庶老於左學。周人養國老於東膠，養庶老於虞庠"，春食孤子，秋食耆老。此皆孔子已前，五帝三王所以老老、長長、恤孤、明明德於天下之事也。及孟子告滕文公，乃曰："設爲庠序學校以教之。庠者，養也。校者，教也。序者，射也。夏曰校，殷曰序，周曰庠。學則三代共之，皆所以明人倫也。"夫孔子祖述憲章堯、舜、文、武者也，堯、舜、文、武之學皆所以明倫，豈有孔子之教不本於明倫者乎？孟子得孔子之真傳者，孟子言設學皆所以明倫，後之儒者乃以明德解爲虛靈不昧，是即釋氏虛空圓明之教矣，豈孔氏之教乎？

○又曰："聖人能以天下爲一家，中國爲一人者，非意之也，必知其情，辟於其義，達於其患，然後能爲之。"何謂人義？父慈、子孝、兄良、弟恭、夫義、婦聽、長惠、幼順、君仁、臣忠，十者謂之人義。此人義乃五倫也，大人以萬物爲一體，正欲天下一家，中國一人者，又豈止教之以心而不教之五倫哉？則明德乃五倫之德彰彰矣。

○凡前所引數條，非某之自立門戶而言也，亦非賢人之言也，皆聖人之經也。但因三代以後設科目，人人止竊聖人之言以取功名，未曾留心體認，又因老佛出來作混，資質略高者俱留心佛老，所以將聖人之言通忽略了，所以某以爲道喪千載，可哀者此也。

○"克明峻德，以親九族"，蔡仲默注以爲即上文之德，錯矣。蓋"欽、明、文、思、安安、允恭克讓"，乃史臣贊堯之德也。模寫聖人生知安行氣象，就譬如孔子門人模寫孔子"子之燕居，申申如也，夭夭如也"，"子溫而厲，威而不猛，恭而安"，"子絕四：毋意、毋必、毋固、毋我"。是此等話不成，堯自家又將欽明文思克明此德去親九族，說不通矣。克明峻德即是敬敷五教，養國老於上庠等事。

○就虛靈上說，一本《大學》通說空疏了，更無下手處。就五倫上說，一本《大學》徹頭徹尾。

○觀《康誥》說"克明德"，下文即說"矧惟不孝不友。子弗祗服厥父事，大傷厥考心；于父不能字厥子，乃疾厥子。于弟弗念天顯，乃弗克恭厥兄。兄亦不念鞠子哀，大不友于弟"。以孝友言之，則"德"字又可知矣。

○大抵學者認德字不真，只謂①不曉得道德兩個字離不得，道便是本然的德，便是以道體之於身，凝聚蘊蓄的。故曰："苟不至德，至道不凝焉。"今日所志之道，即他日所據之德也；今日所據之德，即前日所志之道也。外道以言德，則德其所德，非吾儒之所謂德矣。把《中庸》"修道之謂教"看，則《大學》教人之德不外於道，又可知矣。

---

① 謂：道光本作"爲"。

〇如《朱子章句序》"而其所以爲教，則又皆本之人君躬行心得之餘，不待求之民生日用彝倫之外，是以當世之人，無不有以知其性分之所固有，職分之所當爲"。如依序文如此解明德，則一本《大學》通暢矣，不知如何又解在心上去了。

◎親民

親者，九族也；民者，萬民也。"親民"二字，即"親親而仁民"也，即"以親九族，昭明百姓"也，即《關雎》、《麟趾》，化行南國也。此二字又全又活，親字管齊家一項，民字管治平一項，乃文章減字法也。宋儒程子改"親"字作"新"字，近日王陽明解作"親其民"，把"如保赤子""此之謂民之父母"通爲"親其民"。殊不知把明德解爲虛靈不昧，又把親民解爲親其民、新其民，則修身齊家工夫全空疏了。不能修其身，不能親親以齊其家，乃先去新親其民，是所厚者薄而所薄者厚也。與下文"明明德於天下"一條全不相同了，此萬世不易之定論也。

〇"明明德、親民、止至善"，此八個字冠之篇首。聖門下得"約而達"，一本《大學》通該管了。上"明"字藏得有格物、修身工夫在裏頭，即下文"日新又新""切磋琢磨"等是也。下"明德"二字即孝弟慈等是也。"親"字即父子兄弟家人是也，"民"字即興孝、興弟、興仁、興讓之民也。"止至善"，即"止於仁、敬、孝、慈、信"也。八個字何等停當。

◎明德親民

〇何以明德、親民合而言之也？吾身出入相對不可須臾離也，即《中庸》

所謂"道也者，不可須臾離也，可離非道也"。如以家庭論，對父母則父母爲親，而孝之道不可離矣；對妻妾則妻妾爲親，而別之道不可離矣；對昆弟則昆弟爲親，而長之道不可離矣；對婢僕則婢僕①爲親，而慈之道不可離矣。如出仕臨民，則國與天下滿目皆其民，而信之道不可離矣。是親民者，正所以明德也。所以明德、親民不可分也，所以引《詩》纔説明德，就説親民。若無父、無君、無妻、無子、無昆弟朋友，何以謂之德？無老者何以安之？無少者何以懷之？即釋氏深山打坐之人矣。

○孔子十五而志大學，見得大人之學，"以天下爲一家，中國爲一人"，所以急急遑遑，轍環列國，欲行道以濟時艱，以不負上天生聰明之意。知得此道理，真所以絶糧伐木，略不爲意。觀其言曰："鳥獸不可以同群，吾非斯人之徒與而誰與？"子路曰："長幼之節，不可廢也，君臣之義，如之何其廢之？"皆明德親民意也。《湯誓》曰："予畏上帝，不敢不正。"仲虺曰："惟天生民有欲，無主乃亂，惟天生聰明時乂。有夏昏德，民墜塗炭，天乃錫王勇智，表正萬邦，纘禹舊服，兹率厥典，奉若天命。"《泰誓》曰："惟天地萬物父母，惟人萬物之靈，亶聰明，作元后，元后作民父母。"又曰："天祐下民，作之君，作之師。"云云。又曰："惟天惠民，惟辟奉天。"伊尹曰："天之生斯民也，先知覺後知，先覺覺後覺，非予覺之而誰？"皆是不敢負上天生聰明之心，所以急急遑遑，行道以濟時艱。孔子惟其知此，所以説"順乎天而應乎人"，湯武以之。蘇子惟其見不到此，所以説武王非聖人也。箕子不臣僕於武王，而以《洪範》傳於武王者，亦此意，蓋恐此道自我而絶也。不然箕子乃忘君事仇之人矣，孔子安得謂之仁？

○大抵自孔、孟以後，至於今日，"明明②德、親民、止至善"八個字通認不真。宋儒認明德爲虛靈不昧，又不知明德、親民不可分，以敬字作工夫。敬字作功夫是矣，天下無不敬之聖人，但終日端坐如泥塑人，不是敬的功夫了。天下豈有終日端坐之聖人哉？終日端坐者，西方之聖人也。孔子當時説"發憤忘食，樂以忘憂，不知老之將至"，皆是實歷苦語。自來聖人通是兢兢業業，憂

---

①僕：道光本作"嫨"。

②明：原脱，據文意補。

勤惕勵,非行道以濟時,必明道以淑人,無冥心閉目打坐之聖人。又説讀書玩物喪志,殊不知天下豈有不讀書之聖人?如不讀書,孔子説"博我以文","好古,敏以求之","信而好古","博學"又"審問","慎思"又"明辨"之,又説"博學篤志,切問近思,仁在其中",皆是誑人之言。又説:"汝以爲多學而識之者與?"必定多學,聖人方對門人如此説,若不多學,無此言矣。古來聖人如伏羲、神農、黃帝之書,謂之"三墳";少昊、高辛、顓頊、唐、虞之書,謂之"五典";八卦之説,謂之"八索";九州之志,謂之"九丘"。通是孔子刪了。孔子當時不能行道,欲明道以淑人,刪《詩》《書》,定《禮》《樂》,修《春秋》,千辛萬苦,孔子何曾喪其志哉?天下無有讀書成心病者,但讀書要識痛癢,歸在我一路來,博學詳説,將以反説約的,如此讀書,不枉讀書矣。如張平子、左太冲,就不識痛癢了。説個玩物喪志,終是認得學聖功夫不端的。雖學聖功夫不專於聞見、口耳,然讀書一項豈可廢?朱子説"用力之久,而一旦豁然貫通",極説得是,學聖人者都是如此。但不當以格物爲"窮極事物之理",又在枝葉上去了。

　　○古來聖賢見得萬物一體,明德親民端的,所以到了行不得處,就自任不辭。如曰"文不在茲乎","非予覺之而誰","予不得已也",皆是將這一場事擔負在身上。論其形迹,就似俗人求名、求富貴一般,急急遑遑,如湯、武之行權,孔子之周流四方,席不暇煖,與求名求富貴無異,而不知大人之學當如是也。但"進以禮,退以義",進退不失禮義之中正,得與不得,即歸之命,所謂"行一不義,殺一不辜,而得天下不爲"是也。則與俗人之求富貴,披髮以見有司,不顧禮義而爲之,天淵懸絶矣。某少時焚引,一時相厚之友,皆以"南山捷徑"戲之。余作《客問》一篇書,來者即以此答,尾云:"江湖廊廟,原爲一體,明道行道,皆以淑人",亦此意也。有志於聖學者,不能行道,必要明道,不然終歸於私,不是大人之學。如南山捷徑,乃希圖富貴,已不在吾儒中算矣,與明德、親民差一萬里。明德、親民是真知斯道之當然[①],急急遑遑而欲以道淑人也,非圖富貴也,此君子、小人義利毫厘之差,又不可不辨。然近日披髮以見有司者,又笑不得南山捷徑,此又不可不辨。

---

①是真知斯道之當然:萬曆本作"是知其我道之當然",據道光本改。

◎至善①

〇至者極也，如冬至、夏至之至。冬至前雖有小寒、大寒，然六陰之極，天地之氣，從此而呼於外，所以爲冬之極。夏至前雖有小暑、大暑，然六陽之極，天地之氣，從此而吸於內，所以爲夏之極。善者良也，《易》言"繼之者善"，孟子道"性善"，皆"維皇降衷"之良，而無一毫人欲之私，《傳》所謂仁、敬、孝、慈、信是也。

◎止至善

〇止者，已也，息也，居也，靜也，《書》之"安汝止""欽厥止"是也。孔子止字出於此，止字內藏得有定、靜、安三字意。②

〇止至善者，止於仁、敬、孝、慈、信之類也。至善者，無過不及，恰在止處也，即《中庸》所謂"中節"也。節者，竹節也，節止於此不去也。以爲人君止於仁言之，舜之作五刑亦仁也，誅四凶亦仁也。何也？皆發乎天理而無一毫私意與乎其間也。若梁武帝宗廟以麵爲犧牲，似仁而③非仁矣。何也？溺於輪迴之說，是自私矣。其④餘可類推。

---

①萬曆本無此節，據道光本補。
②萬曆本無此節，據道光本補。
③而：道光本脫。
④其：道光本脫。

◎知止而后有定一節

　　○知者，覺也，識也，喻也，即下文"知"字。心無二知，分生知、學知、困知者，以人之資禀不同也。此"知"字，即應下文"此謂知之至也"。定者，正也，言此心有定向也。靜者，寂也，息也，定也。安者，心無愧也，寧也，止也，靜也，其實此心既定，已靜已安矣。但自心之既定，寂然不動，言則曰定；自心之既定，妥貼無愧言則曰安。非此心既定，又別有所謂靜與安也。慮者，詳審其過不及，以求其至善也。即《太甲》之"弗慮胡獲"，《說命》之"慮善以動"也。蓋獲字即得字，言不慮何以得，故慮而后能得也。至善而曰慮而后能得者，言必慮善以動，動惟厥時也。①

　　○知止者，知其止於仁、敬、孝、慈、信，五倫之理止於此也。知其理止於此，則喜怒哀樂未發之時，而定、而靜、而安者，此仁、敬、孝、慈、信也，此五倫之理也，無忿懥也，無恐懼也，無好樂憂患也。則此心未發之時，一團天理，廓然大公，是即謂之中矣。既安於五倫之理，則喜怒哀樂已發之時，所以思慮酬酢者，此仁、敬、孝、慈、信也，此五倫之理也，不辟於親愛也，不辟於賤惡也，不辟於畏敬，哀矜、敖惰也。則此心既發之后，一團天理，物來順應，是即謂之和矣。如此豈不得所止乎？

　　○定、靜、安三個字，是模寫此心無忿懥、恐懼、好樂、憂患之氣象。定字是"天下定於一"之定，不遷移也。靜是不擾，安是妥帖自然。

　　○從來此一節，詁訓者都說得無下手處，都是懸空捕風捉影。所以然者何也？"明德"二字認不真故也，所以體貼到身上說不得。殊不知聖人之言，豈有說得行不得之言哉？

---

①萬曆本無此节，據道光本補。

◎ 本末始終

　　○本末始終者，此正知止下手功夫也，所謂擇之精也，下文"本末""厚薄"，此其類也。且如以事親言之，"諭父母於道"及"養志"者，本也；"養口體"者，末也；"身體髮膚，受之父母，不敢毀傷"者，孝之始也；"立身行道，揚名於後世"者，孝之終也。凡事事物物，皆有本末、始終、先後，即孔子所謂先於"正名"也，如醫家所謂"君臣佐使"也。如失其輕重先後之序，雖是君子路上人，終不能至其至善之域矣。

　　○道字應德字，知所先後，知字內藏得有博學、審問、慎思、明辨功夫。

◎ 修身正心誠意致知格物 總論

　　凡人有此形體，即有此形氣之私。口之於味也，目之於色也，耳之於聲也，鼻之於臭也，四肢之安佚也，性也。有此形氣之性，故好勇、好貨、好色，不辨禮義而受萬鐘，欲宮室之美，妻妾之奉，所識窮乏得我，凡此皆所謂物也。有此物欲橫於心，是以千思萬想，千計萬較，時起時滅，朝朝暮暮，在此胸中未曾停息。倘此橫於中之物欲，或得或喪，發之七情，即有所忿懥，有所恐懼，有所好樂，有所憂患，是以見之於事，即偏於一邊。不之所親愛而辟，必之所賤惡而辟；不之所畏敬而辟，必之所哀矜、敖惰而辟。心既有所忿懥、恐懼、好樂、憂患之偏，而所行之事，又隨其心之所偏而辟，則天賦於我之五性皆已牿亡喪失矣。是非之良心既以喪失，是以安其危而利其災，此身之所以不修也。如商紂惟好宮室、臺榭、陂池，作奇技淫巧以悅婦人。唐明皇開元初年，罷大明宮於農務之時，焚珠玉錦繡於殿前，幾至太平矣。及寵太真，是皆有所好樂也，有所親愛也，身安得修乎？所以紂失天下，玄宗竄身西蜀，正所謂辟則爲天下僇也。所以聖門教人先於格物，此有頭腦至捷功夫也。自孔子沒至於今日，無人知此功夫。此德以道喪千載，可哀者此也。

◎ 訓字

　　修者，理也，整也，對荒亂頹敗而言也。正者，當也，定也，平也，對偏邪而言也。誠者①，敬也，信也，對欺誑而言也。致者，至也，詣也，對跔蹋不進而言也。格者，殺也，除也，去也，對優柔遲留而言也。此一字下得猛。

　　○説我要整理此身，便要心上不偏邪。心上不偏邪，在於發念意向上不欺誑。要我意向上不欺誑，在至詣我是非心上去看，等將善惡曉然明白。要心上曉然明白，只在格了心上物欲就明白了。

　　○正心之心，已發之心。

　　○是非之心，人皆有之，此所謂知也。惟物欲蔽了，就不明白。要錢，官即間斷不公見之矣。

　　○身也，心也，意也，物也，屬形氣一邊用得功夫，所以下個修字、正字、誠字、格字。都下得重，格字尤②下得猛。但凡遏人欲，字都下得重。如"克己復禮"之"克"，"養心寡欲"之"寡"是也。到了知字，即"仁、義、禮、智、信"之"智"也，乃是非之心也，乃天理也。雖不離形氣，然無半毫形氣之私，無聲無臭，下不得功夫，所以下一個"致"字，此一字下得輕。致者，送也，詣也，至也，只似説送與是非之心看。所以物格而后知至，至與致二字不同，若説物格而后知致，即不通矣。

---

①者：萬曆本作"也"，據道光本改。
②尤：萬曆本作"猶"，據道光本改。

◎訓意

○修身者，止於仁、敬、孝、慈、信而爲善也，不之所親愛、賤惡、畏敬、哀矜、敖惰而辟爲惡也。辟則安能齊家乎？故欲齊家者，先修其身。然心者，身之主也，使此心不覺照，心不在而失其本心，惟知眷戀於物欲，有所忿懥、恐懼、好樂、憂患，雖視之亦不見，聽之亦不聞，食之亦不知其味矣，安能修身乎？故在於正心，必定要此心不偏邪，一團天理，惟仁也，惟敬也，惟孝、慈、信也，則身可得而修矣。然意者心之所發也，使意之方發，差之一毫，則所行之事謬以千里矣，安能正心乎？故必要發念之時，仁、敬、孝、慈、信之善，如好好色也，忿懥、恐懼、好樂、憂患之惡，如惡惡臭也，斯心可得而正矣。然使此心不知其孰真孰妄，未免認人欲爲天理，又安能誠意乎？故必致吾是非之心以鑒之，曉然明白，知其何者爲仁、敬、孝、慈、信之善所當好也，知其何者爲忿懥、恐懼、好樂、憂患之惡所當惡也，斯意可得而誠矣。然欲此心曉然明白，豈有他術哉，豈必他求哉，亦惟格去此物而已。蓋吾心之中有所忿懥、恐懼、好樂、憂患者，皆蔽我良知之物也。今將此物猛然格除，一切掃去，則此心未發之時，廓然大公，無意無必，致天下之中矣。既發之後，物來順應，無固無我，致天下之和矣。此孔門接堯舜精一之傳，至捷至近之心法也，聖人復起不易吾言矣。

◎二節訓意

○修身者，爲善而去惡也；正心者，已發之心惟在于善而不偏於惡也；誠意者，方發之心實好其善實惡其惡也；致知者，知其孰爲善孰爲惡也；格物者，格其孰爲惡之惡也。既格其惡，則此心無蔽障，明白之至矣。明白之至，則一念之發決不欺矣。既不欺，則心廓然大公而正矣。既正，則物來順應而身修矣。

◎物格而后 一條

○心譬如鏡也，本光明也。物者，鏡上之塵垢也；格者，去其塵垢也；知至者，去其塵垢而光明之至也。意者，人心發動，取鏡照物也；誠意者，將鏡來照，妍者如好好色也，媸者如惡惡臭也；正心者，心惟其妍，不偏於媸也；修身者，知其妍而爲善，知其媸而去惡也。

○心者譬如目也，本光明也。物者，目上之翳也；格物者，以藥點之去其翳也。知至者，復其光明之本體也。意者，目去看物之好醜也；誠意者，好者如好色也，醜者如惡惡也。下同前。

○格了物，知即至矣，及下坡板丸之勢，所以説致知上用不得功夫。今之儒者講致良知，只是聽人説，不曾自家體認。

○格物者，格去其物欲也；知至者，知物欲知之極其至也；誠意者，誠其意而不自欺于物欲也；正心者，正此心而不邪于物欲也；修身者，修整其身而此身全無物欲也。蓋格物之時，此心尚有善有惡，既格去物欲，則有善無惡矣。是以知之至、意之誠、心之正而身修矣，此下坡之勢。

◎誠意

學者臨關功夫最難，所以聖人又説誠意，此一種功夫出來异於禪學者，正在此。一念差了，終身事通差了，故于正心中拈出誠意。

○此一種功夫即是《中庸》"戒慎、恐懼也，莫見乎隱"二句①，即"十目所視"二句②也。既説個戒慎、恐懼，心已動矣。注中解所以全天理之本，然解

---

①《中庸》二句原文爲"是故君子戒慎乎其所不覩，恐懼乎其所不聞。莫見乎隱，莫顯乎微，故君子慎其獨也"。
②《大學》之曾子曰："十目所視，十手所指，其嚴乎！"

錯了他。只因下文有"喜怒哀樂未發謂之中",即有此解也,殊不知學者靜坐之時,不過絕了妄想,閉目打坐而已,安能存天理之本?然大抵自漢、唐、宋以來,儒者通不曉得遏人欲即所以存天理,天理本然上,半厘功夫做不得,何也?仁、義、禮、知,我固有之也,非由外鑠也。惟遏人欲,則惻隱、羞惡、辭讓、是非之心自然呈露,而所行之事,皆仁、義、禮、知之事矣。天理本然上,不惟做不得功夫,亦不消做功夫。

○如把戒懼二句作靜而存養,只把禪家就看出來了。禪家終日無天、無地、無人、無我打坐,何曾存得天理之本然?殊不知未發上做不①得功夫,聖人已先說矣,所以不說欲正其心者先於未發,說"欲正其心者先誠其意",此正聖學、禪學之所由分也。在心上單提一個誠意出來,异禪學者正在此。惟不知此功夫,伊川將"艮其背,不獲其身;行其庭,不見其人"就解錯了。若程明道說"與其非外而是内,不若内外之兩忘也",就說得是了。陸象山以存養爲主人,考索爲奴僕就偏了。做男兒大丈夫,爲天地立心,爲生民立命,爲萬世開太平,以先知覺后②知,以先覺覺後覺,把道理明明白白說與世人,使斯道大明,方是豪杰。若終日閉目打坐,門徒來專心問他,他說半句留半句,使人莫測端倪,斯則達麽之教也。朱子雖然著述上略有些差錯,但他爲人平易,肯諄諄教人,允矣兩端,必竭四教,雅言之規模也。今將三條功夫開于后。

◎聖學

聖學在心之意念上用功夫,所謂"慎獨"也,格物則其下手之頭腦功夫矣。

---

①不:萬曆本、道光本原無,據文意補入。
②后:疑作"後"。

◎禪學

禪學在心之未發上用功夫，只是硬鎖了心，不開城門，無天、無地、無人、無我，不肯將外物擾動，讀書窮理，謂之理障。

◎詞章之學

詞章之學，專於工辭，如左思、張衡是也。心之真妄與未發、已發，俱不論矣。

近日學者知詞章之學非聖學，是矣，但又認禪學爲聖學，則與詞章之學一而已矣，均爲不知聖學也。

◎致知

○知者，五性中之智也。王陽明以爲"良知"是也。朱子解"知，猶識也"，解錯了。又解"致，推極也；推極吾心之知識，欲其所知無不盡也"。若如此說，一句書不讀之人，知孝其親，婦人爲夫死節，何曾推極其知識哉？致、知二字，通解錯了。王陽明認知爲良知是矣，但又教人悟良知，良知上做功夫又錯了。殊不知良知乃天理，做不得功夫，又不曾見孔子"好知不好學，其蔽也蕩"此一句了。其徒就說，本來靈覺生機，丹府一粒，點鐵成金，此乃"生生之謂性"。孟子已闢了，何消又拈起以爲活寶說？大抵學朱子之學不成，不失爲博古通今之士；學致良知不成，即刻成慧可[①]矣。

[①]慧可：禪宗二祖名，萬曆本、道光本誤作"惠可"，據文意改。

○王陽明《傳習録》又以"聞見之知,孔子以爲知之次,則是聞見之知已落第二義矣,惟當致良知"。殊不知"知之次也"一章,朱子解錯了。知之次者,言"必待聞見而后知,次於生知者"也。孔子説:"不知其理而妄作者,我決無是也。我之知雖非生知,然多聞則擇其善者而從之,多見則擇其善者而記之,聞見之知雖與生知者同,亦知之之真,然必待於聞見,亦生知之次矣。若無知而妄作,我豈有是哉?"①如此解方應得首句。

○朱子解雖未能實知其理,亦可以次於知之者也。若説雖未實知其理,依然是無知妄作了。朱子何等聰明人,不知當時如何如此解,只恐舊注是如此。

○天下之知,無二也,或生而知之,或學而知之,或困而知之,及其知之,一也。知止説得個遲速,説不得個詳略。譬如蜀川到燕京,千里馬止六七日即到,次于千里者,一月方到,如款段蹇駑,兩三月方到。及到了燕京,千里馬也是到,次于千里者也是到,款段蹇駑也是到,止説得遲速,説不得詳略。陽明講良知引此章爲証,差矣。大抵陽明先生,聰明之至,也肯與人講論,不似象山諸公説半句留半句。但儘他聰明,説通説快了,不沉潛反復。如陽明説:"問、思、辨、行,皆所以爲學,未有學而不行者也。如言學孝,則必服勞奉養,躬行孝道,而後謂之學,豈徒懸空口耳講説而遂謂之孝乎?天下之學,無有不行而可以言學者,則學之始,固已即是行矣。篤者,敦實篤厚之意。已行矣,而敦篤其行,不息其功之謂爾。蓋學之不能無疑,則有問,問即學也。即行也不能無疑,則有思,思即學也。即行也不能無疑,則有辨,辨即學也。即行也,辨既明矣,思既慎矣,問既審矣,學既能矣,又從而不息其功焉,斯之謂篤行,非謂學問思辨之后而始措之行也。此區區心理合一之體,知行并進之功,所以异於後世之説者,正在於是。"(已前是《傳習録》)若依此説,心與理合一,知與行并進,説孝則説得通矣,説忠則説不通矣,所以陽明不説忠。如讀《孟子》"有官守者盡其職,有言責者盡其忠",此學也,然天下無有不行而可以言學者,必有官守言責方可言學,則布衣之講學者,此條不必講矣。又以審問言

---

① 以上釋《論語·述而》:"子曰'蓋有不知而作之者,我無是也。多聞,擇其善者而從之;多見而識之;知之次也。'"一章。

之，如顔淵問爲邦，孔子曰："行夏之時，乘殷之輅，服周之冕，樂韶舞，放鄭聲，遠佞人。"顔子必行夏時，乘輅，服冕，放聲，遠佞，而后謂之學乎？不然，此空談也。陽明自以爲心理合一，知行并進，而不自覺其言①之不通矣。此皆聰明之極，説快之過也。

○格物者，正所以致良知也，就譬如説磨鏡之塵垢者，正所以求鏡之明也。所以不説欲致其知者，先格其物，説致知在格物，以格了物即知之至，所以説不得個先后字。

○朱子解"格物致知"錯了，所以解"盡其心者"一章亦錯了。盡者，終也，竭也，對有剩餘而言也。若心上略有纖惡之未除，即有餘欠矣。盡其心者，復其天命之本體也。天生此心之時，原無物欲也。命者，"死生有命"之"命"也，《孟子》此章教人修身以立命，言我身心性命通是天賦與我的，我能盡其心就知得性、知得天了。存此心不失以養其性，就是事天了。不管我命長命短，只去修身，則命自我立，而知天、事天不足言矣。朱子解《大學》如彼，解到了此處，就説知性則物格之謂，盡心則知至之謂。

○德爲海内人講致良知，山林中將"致"字磨礱二十年。蓋因解致字爲"喪致乎哀"之致，以致字可用功夫也。及後貫通之時，方知致字用不得功夫，功夫全在格物上。何以用不得功夫？蓋人禀五行以生，有形，有神智，屬水，乃水之神也。神何以做得功夫？只將物欲格了，五性自呈露矣。

○以五性呈露模樣言之，五性譬如明月，物欲譬如人家板壁。板壁有一綫未遮隔，即有一綫明月進來，將板壁通取了，明月即通進來了。所以格物是孔門至妙至捷之功夫，只格物則惻隱四端之發見，自火然而泉達矣。

◎物

物者，即勇、貨、色之類也，即宮室之美，妻妾之奉，所識窮乏得我是也，

---

① 而不自覺其言：萬曆本作"而不知自不覺言"，據道光本改。

即下文"有所忿懥"等是也。對我而言者也,乃物我也,"物交物"之物也,皆有形也。何以不言人欲而言物也?如色、貨是物,我去好他,方是欲,故不言欲而言物也。以下文言,即"閑居之不善"也,即"桀紂之暴"也,即"貪戾"也,"聚斂"也,"畜牛羊"也,"察雞豚"也,好此物則"所藏乎身不恕","媢嫉以惡之、違之,而俾不通"矣。

◎格

格字,正①陽明以爲"格其君心"②之"格",極説得是。但指物字作事字,又錯了,將此功夫説緩了,又渺冥了。格字即下文"切磋琢磨"也,"瑟僩赫喧"也,"克明"也,"顧諟"也,"日新""又新"也。物欲未易磨勘,身心未易整齊,故引衛武公之詩明之。未易戰勝,故引《書》"克"字明之。未易洗刷,故引《盤銘》明之。未易覺照,故引"顧諟"明之。

先儒之言,皆有所因。陽明只想"欲誠其意者,先致其知"二句,不想"格物而后知至",所以教人"致良知",其實"良知"二字乃孟子之言,非悖經之言也。但門人《大學》之傳無良知之説,則與當時之傳不相合,雖不悖經,而悖乎《大學》之本傳矣。朱子只因經文"此謂知之至也",心想惟窮理方能"知之至",就以格物爲窮極事物之理。其實"窮理"二字乃孔子之言,非悖經之言也。但傳無窮理之説,則與傳亦不相合矣。所以二公之言皆不合傳,惟曰格去物欲,則字字句句皆相合矣。③

---

①正:道光本作"王"。
②陽明《〈大學〉問》原引《尚書·冏命》,作"格其非心"。
③此段萬曆本無,據道光本補入。

◎格物

　　物字，陽明指爲事字，就說得纏繞了。就說知者意之體，物者意之用，使後學不明不白。指爲物欲之物，就直切了。如孝乃明德也，孝多衰於妻子，好色而聽妻子之言，好貨有私財，好勇鬥狠，不能愉色婉容，是事親有所好樂也，則孝蔽於此物矣。今格去此物，則此心一團天理，就能冬溫夏凊，昏定晨省，所行者皆孝之事而止於其孝矣。忠乃明德也，如好色欲妻妾之奉，好貨察雞豚畜牛羊，好勇貪戾債事，而有桀紂之暴，是事君有所好樂也，則忠蔽於此物矣。今格去此物，則此心一團天理，就能有官守者盡其職，有言責者盡其忠；民之所好好之，民之所惡惡之；斷斷無技，休休有容，以能保我子孫黎民，所行者皆忠之事而止於其敬矣。此是下死心學聖人，方曉得此功夫，不然只是口談。

　　○以吾一身論之，"手容恭"，此修身之一事也。今見富貴下我一等之人，或扯袖高抬其手，是敖矣。或垂鞸疏懶，不爲其禮，是惰矣。有此敖惰，而下交之瀆者，何也？蓋因恃我富貴，眼裏空人，故好自高，有所好樂之心發之也。此物橫於胸中，是以手容不恭，惟知敖惰矣。或見富貴上我一等之人，即足恭，骫骳卑下，爲諂諛之狀，是之所畏敬矣。有此畏敬，而上交之諂者，何也？蓋見人富貴喧赫，有所恐懼，見其金帛宮室，有所羨慕，好樂此二心發之也。此物橫於胸中，故手容不恭，惟之所畏敬矣。今將恃富貴、畏富貴、自卑、自高此心之物一格了，則此心廓然大公，自知我之富貴何以恃得人，人之富貴何以慕得他，惟知我手容當恭，自意誠心正而身修矣。

　　○孔子曰"君子以虛受人"，蓋心中無物則虛，所以物格即知至，見善如決江河矣，所以能受人。

　　○宋儒說格物說前了，何也？"講學以耨之"一句是也，蓋講學乃薅草功夫也。"好學近乎知"一句是也，蓋好學乃開我愚蒙功夫。故今日格一物，明日格一物，博學而詳說者，正以反說於約，以求格吾身心之私欲也。是宋儒之說，說去前一步矣。近日儒者說致良知，又說後了，何也？格物者正所以致良知也。

蓋孩提之童知愛親敬長者，以無物欲也。及長成人，物欲蔽之，是以喪失其舊日孩提之良知矣。今格去其物欲者，正所以復還孩提之良知也，故曰"大人者，不失其赤子之心也"。所以説近日儒者又説後了一步。就譬如六月大水，駕巫峽黑石船相似，捉舵走不得半毫。學聖功夫精密，在此處可見。

○鄒東郭云："孩提之童，知愛其親，而強且壯者，顧有不愛焉。豈強且壯者反愚於孩提乎？呼蹴之食，乞人不屑，而不義之萬鍾，公卿或受焉，豈公卿反不肖於乞人乎？"此數句説得快人心。若某生同其時，足數句於後，即千古之名言矣。強且壯者反愚於孩提，何也？以好貨財，私妻子，好勇鬥狠，此物欲蔽之也，是以即不顧父母之養。若格去此物，即還孩提愛敬之舊知矣。公卿反不肖於乞人者，以欲宮室之美，妻妾之奉，所識窮乏得我，此物欲蔽之也，是以失其本心，不辨禮義而受萬鍾之禄。若格去此物，即還羞惡不屑之舊心矣。豈非千古之名言乎？但觀世人，兄弟小時同床共枕，哥哥前，弟弟後，何等相愛。及成人，有室家析居，爲財産告狀，即爲仇敵，就可知矣。

○宋儒把個敬字作功夫，近日儒者把個良知作功夫，就宵宵冥冥，茫茫蕩蕩，無下手處。只依孔子格物作功夫，就有下手處，事事物物通有把捉。

○聖人之言無二也。顔子乃孔子得意門人，孔子告之曰："克己復禮爲仁。"孟子得孔子之真傳者，乃曰："養心莫善於寡欲。"蓋"物格而后知至""克己復禮爲仁""養心莫善於寡欲"，此三句話乃一句話也。何也？物也，己也，欲也，皆有我之私也；格也，克也，寡也，皆除去有我之私也。以此作證驗，則諸儒之紛紛講格物者，不待辨而自明矣。昔者孔子曰："文王既没，文不在兹乎？"兹孔門格物之説，千載未明，今斯文晦而復明，某亦不能自辭矣。

○宋儒只爲認此二字不真，説周茂叔教人，每令尋孔、顔樂處，所樂何事亦不説。所樂何事，朱子亦説程子引而不發，亦不敢妄爲之説。非不説也，只恐真不知所樂何事也。看來自漢、唐、宋至於今日之儒，通不知所樂何事。知之者，惟周茂叔一人而已。蓋人無欲即樂。孔子説"君子坦蕩蕩"，無欲也。孟子説"反身而誠，樂莫大焉"，無欲也。"仰不愧於天，俯不怍於人"，無欲也。以至心廣體胖，無入而不自得。人知不知亦囂囂，皆無欲之樂也。又樂多賢友，即"有朋自遠方來""得天下英才而教育"之樂也，皆非涉於形氣之私之樂也。若世人以歌兒舞女爲樂，是即驕樂、宴樂、佚游矣。學者只將聖門樂字打通了，則聖人用功即可知矣。不然一節不通，節節不通，千言萬語終是葛藤。

○學者如不知此種功夫，終日在言語威儀上做功夫，苦心苦力也。一般成高賢，但欲爲時中之聖，即不能矣。如去獵較，見南子，應佛肸召，道隆則從而隆，道污則從而污，此等事決幹不得。何也？必磨磷涅緇也。如知格物功夫，則江漢濯之，秋陽暴之，皓皓乎不可尚也。譬如行船相似，捉不住此種功夫，就譬如捉不住舵①舟也，堅固舟上人也，爽力也。認得水經，只是捉不住舵，就怕漩渦下不得灘。如捉得住舵，船大也好，船小也好，江水也好，漢水也好，大灘大浪也好，如捉得住格物功夫，就堅之至矣，雖磨不磷，白之至矣，雖涅不緇。事親也好，事君也好，處朋友也好，處昆弟也好，富貴也好，貧賤也好，夷狄也好，患難也好，都無入而不自得，不作小家人見識，闊刀大斧，徑入周孔之堂室矣。

◎此之謂自謙

○謙字當作誡字，字畫左右相同，其義亦順。誡與戒同，警也，即《中庸》"戒慎"之戒也。言必要如好好色，如惡惡臭，此之謂自警，非由他人也。若不自警，即自欺矣。小人閑居爲不善，只是不自警。"十目所視，十手所指"，則警之至矣。且此字乃聖門已用之字，易小懲而大誡是也。又"王用三驅，失前禽，邑人不誡"是也。解作自慊，説不通矣，且字畫亦差之太遠。

---

①道光本誤作"船"。

附录

◎張惟任序[1]

　　來先生注《易》，本心契著錯綜妙義，予爲刻而流布之。其《日録》十一卷，爲《内篇》者六，爲《外篇》者五。予覽竟，作而嘆曰：嗟乎！古人寄慨于隙駒，傷逝于流水，夫非惜此日哉？故湯警日新，曾凛三省，乾乾之行，體天同健。蓋人生而不聞道，俯仰日月，積愆累尤，與瓦礫草木同擲，亦不可得聞而行之，則水流物生，回琴點瑟，無非是物。是則所謂同天地而行江河者，豈易言哉！先生塵視富貴，沉心學道于求溪山中三十餘年，居顔子之陋巷，坐堯夫之安樂。其才故豪，斂而爲學；學故博，悟而爲性。性者，命于天而與天游者也。説天莫辨乎《易》，故先生所爲《弄圓圖》《太極圖》，神明乎濂溪先生之旨，而悟夫天地、古今、治亂消息之所以然。以其悟者證澈曾、顔真實之學，故合《大學古本》，要歸於格物，格物即證以克己而剔欲，認理于作止語默之間。工夫人事，造化天道，故其動履準繩而言成文章。了于知，謂之省覺；驗于用，謂之省事；抽于文，謂之字義；游于聲，謂之詩賦。放懷寥廓，歸宿仁義。先生漫以李白自托，而斷然以"公卿難到，聖人可學"自許，非欺我也。先生初舉孝廉，即却百金饋遺，于兩尊人生而孝養，殁而廬墓，冰蘗之操，終

---

[1]萬曆本無此序，此據道光本。影印本請見《來瞿唐先生日録·上（影印）》开篇。

身一轍，行藏之際，有同水雲。此豈冒處士之虛聲、揚文人之浮采可同年語哉！

予故并刻此《錄》，與《易注》偕行，俾覽先生書者，知下學上達，爲日新實境，不致抱隙駒逝水之嘆也。

萬曆辛亥歲端月關中張惟任仲衡父撰。

◎黄汝亨序①

自郭青螺②先生推舉來先生于朝，而海內知先生有《易注》與《日錄》兩書，直指仲衡張公重授之梓，流布於世，而余不佞，因得澄覽其所稱述。蓋先生于《易》義中悟"錯綜其數"一語，此千年秘密，而所注明通簡切，不爲浮蔓，足與蔡虛齋先生《蒙引》相伯仲。《日錄》一書，又先生歲時所歷閱，身心所磨鍊，非若俗儒文字之解與氣魄擔荷之能也。先生抱才故不凡，自爲孝廉，入京師，得《薛敬軒先生語錄》，有所開悟，以壹力問學。余細展其《弄圓》、《格物》諸圖，則淵源于周茂叔之"無欲""主靜"，而瀟灑脫落于邵堯夫之堂室。所云三欲迷五性，證格物于克己，而省事、省覺，息息不放，在在勤行，斷然以聖人爲必可至，即謂濂洛以後一人可也。然道同太虛，而教者所指與學者之各有所入，譬之日月，光本無全虧，而隨眼力所到，歸之見日月而止。先生指宋儒"觀喜怒哀樂未發氣象"與"靜坐默認"及象山之"主靜"、新建之"致良知"，以爲涉于禪宗，而竊竊然辨之，不敢謂然也。佛老之教與吾儒軌物，誠黑白相反，而其微而至者，則可以心證，不可以言傳。先生以形爲俗流，氣爲仙佛，神爲吾儒，又抵呵佛氏，此杜祁公未讀《楞嚴》時語也。夫儒者之道，修身見世，時措之宜。先生慨今世制科法敝，遠溯三代養士之意，欲去科目而僅存貢之一途，將舉末法而結繩之。令先生而用于世，未必其盡合矣。嗟乎！道無奇亦無無奇，近世卓吾老人欲以怪破天下之常，而竟以怪殺其身。來先生

---

①萬曆本無此序，此據道光本。"黃汝亨"，道光本誤作"黃汝亨"。

②螺：道光本作"㻞"，同"螺"。

欲以平常救天下怪异之習，不免執常而岐，其同中庸，其至難言之矣。孟氏有言："君子反經而已"，則吾從來先生焉，以問仲衡先生謂何。

　　武林黄汝亨[①]譔。

◎ 張子功序[②]

　　蒼然者，天而已。天惟得一，故時而風雲雷雨，時而空廓。人不可得而測者，以其一也。先生戊辰歲游吳，余得侍先生登燕子磯，見先生援筆即成數十韻。先生天才本高，又無書不讀，而又加之以講格物之學，靈根湛然無欲，且山林日久，涵養愈深，時時不改其樂。故其為文如鞭風駕霆，周游六合之外，而卒歸於一，使人莫知端倪，若詩中"崑崙崑崙在何處"是也。禪家謂信手拈來，頭頭是道，非先生之文矣乎？郭督學服先生為至人，傅刺史一見《大學古本》即汗出，以先生千載真儒，直傳仲尼之絕學，雖朱、程復生亦必屈服。董四府以清、和二聖比先生，信不誣矣。然此皆先生所種花木爾，若先生所解《大學古本》兼新畫《太極圖》、《弄圓》諸篇，則先生之堂奧也。《四省錄》，先生之棟宇墻埔也。此不過園林別墅所種之花木，其不可曉者，則奇花異木也。人見者止此，安得窺先生之堂奧乎？蓋先生襟懷灑落，如光風霽月，不拘拘於繩趨尺步之間。其人品絕似康節，而其才則十倍於康節。且康節居洛，與諸宰執交，偶有一字一句，人即傳之；先生居萬山之中，知先生者惟木石鹿豕，且先生見人，杯酒之間，長自比李白，絕口不言理學，故宜海內知先生者尚少，必如是而後其論始定。

　　萬曆乙酉仲冬一日吳會張子功識。

---

①亨：道光本误作"亭"。
②萬曆本無此序，此據道光本。

◎四庫全書總目提要

瞿塘日録十二卷 浙江朱彝尊家曝書亭藏本

　　明來知德撰。知德有《瞿塘易注》，已著録。是稿分《內篇》七卷，《外篇》五卷。《內篇》分十五種：一曰《弄圓篇》，作一大圈，虛其中以象無極，外圍則用陳敷文所傳蜀中太極圖形，以黑白互包，象陰陽遞相消長，而以人事世運繞圈旋轉而注之。二曰《河圖洛書論》，皆其《易》說之緒餘。三曰《格物諸圖》，大旨以《論語》"三戒"爲三欲，務格而正之。四曰《大學古本》，不取朱子之説，亦不取王守仁之説，大旨以"明德"爲五倫，以"明明德"爲明人倫，以"親民"爲親親而仁民，歸本於修身，而以"格物"爲克己，猶然格去物欲之説也。五曰《入聖工夫字義》，其體例略如陳淳《北溪字義》，但立説不同耳。六曰《省覺録》，皆講學之語。七曰《孔子謹言工夫》，以《論語》四十條聯貫其文，分爲八段。其首一段云："天何言哉？四時行焉，百物生焉，天何言哉？君子欲訥於言而敏於行。"末一段云："言寡尤，行寡悔，禄在其中矣。夫我則不暇，始吾於人也，誰毀誰譽。今吾於人也，慎言其餘，言思忠，非禮勿言，似不能言者，時然後言，言必有中。"其大□可以想見矣。八曰《省事録》，與《省覺録》相近，但彼多講學，此多論事耳。九曰《九善榻記》。十曰《四箴》。十一曰《諭俗俚語》。十二曰《革喪葬之俗》，并有録無書，殆此本偶佚歟？十三曰《理學辨疑》，所論皆陰陽天象之事，純以臆斷。如論晝夜長短，不以南北至爲度，而謂冬日一陽生，陽氣主升，則日隨而高，夏至一陰生，陰氣主沈，則日隨而低。論日月謂如一鏡在桌上，一鏡在桌下，如何月能受日之光。論交食謂日月如兩飛球，疾馳而過，彼此安能相掩，其食不過如氛祲之類，偶然有變。諸儒不明造化陰陽大頭腦，所以信曆家之説。十四曰《心學晦明解》，自述所以攻駁先儒之意。十五曰《讀易悟言》，亦有録無書。但注於標目下曰："有易注別刻單行。"朱彝尊《經義考》載是書，謂見《日録》中，或彝尊所見又別一本歟？蓋知德自嘉靖壬子舉於鄉，後因公車不第，退居空山，自求解悟。既無師友之切劘，又無典籍之考證，冥心孤想，時有所見，遂堅執所得，自以爲然，不知天下之數可以坐推。故所注《周易》，雖穿鑿而成理，至於天下之事物，非實有所見，則茫乎無據。朱子之學必以格物致知爲本，正慮師心懸想，其弊必至此也。知德以是譏朱子，宜其敝精神於無用之地，至老死而終不悟矣。《外篇》爲所作詩文，曰《釜山稿》，曰《悟山稿》，曰《游峨嵋稿》，曰《快活庵稿》，曰《八關稿》，曰《游吴①稿》，曰《重游白帝稿》，曰《求溪稿》，曰《買月亭稿》，曰《鐵鳳稿》，曰《游華山稿》，曰《游太和稿》，曰《續求溪稿》，凡十三集，大抵自爲知德之詩文而已。

---

①吴：原書誤作"足"。